シリーズ 大学の教授法 1
授 業 設 計

中島英博 編著

玉川大学出版部

「シリーズ 大学の教授法」刊行にあたって

「私は教授法を体系的に学んでいないので、授業には自信がありません」という大学教員の声をよく聞きます。確かに小学校や中学校の教員のように、教員になるための十分な教育を受けずに教壇に立つことが多いため、大学教員には授業に対する不安や苦労も多いのかもしれません。一方、大学教育改革を推進していくために、教員の教授法に対して寄せられる期待は近年ますます高まっています。

2008年に大学設置基準でFD（ファカルティ・ディベロップメント）が大学に対して義務化され、教授法を身につけるための教員向けの研修が増えてきました。しかし、教授法は研修によってのみ習得されるものではありません。もちろん研修にも一定の有効性はありますが、自らが学生や生徒として受けた教育の経験を振り返ったり、周りの教員による指導や助言を受けたり、教授法の書籍を読んだりすることなどからも身につけていくものです。

本シリーズは、大学における教授法の知識と技能を体系的に提示することで、よりよい授業をしたいと考える大学教員を支援しようとするものです。したがって、第一の読者として想定しているのは大学教員です。加えて、大学教員を目指す大学院生、各機関のFD担当者、教務部門の職員、大学教育研究者、さらに大学の管理職や大学以外の教育職に就いている人などにも役立つものであると考えています。

本シリーズを作成するにあたって、各巻の編者との間で執筆の指針として共有したことが3点あります。第一に、内容が実践に役立つことです。読んだ後に授業で試してみたいと思う具体的な内容をたくさん盛り込むよう留意しました。そのため、新任教員だけでなく、ある程度教育経験をもった教員にとっても役立つはずです。第二に、内容が体系的であることです。シリーズ全体において、教授法に関する重要な内容を整理してまとめました。第三に、内容が読みやすいことです。広い読者層を念頭に、できるだけわかりやすく書くことを心がけました。

本シリーズが幅広い読者に読まれ、読者のもつさまざまな教育課題を解決する一助となること、そして、その結果として日本の大学において教育の質を向上させる取り組みが広がっていくことを願っています。

シリーズ編者　中井俊樹／佐藤浩章

はじめに

　授業設計は、大学教育の質を向上させるうえで中心的な役割を果たすことができます。日本の大学教育の問題は、授業間の関連性の弱さ、学生の学習時間の短さ、学習の質の低さなどにあります。こうした問題に対する最も効果的な解決方法の一つが、授業設計の見直しです。

　諸外国では、大学教員が授業設計に精通することは当然のこととされており、ティーチングアシスタント（TA）を務める大学院生や新任教員は授業設計にかかわる研修を受けることが必須とされています。このことは、諸外国と日本のシラバスの違いとして如実に表れています。北米圏で用いられている十数ページにわたるシラバスに比べると、日本で一般的な1枚程度のシラバスはあまりに貧弱です。

　これまでにも授業設計に関する書籍や論文が多数公刊されています。また、授業設計やシラバス作成に関わる研修の機会も多数提供されています。それにもかかわらず、先行研究の知見を整理し、多くの大学教員が利用可能な形で、授業設計に関する知見をまとめた書籍は多くありません。本書は、授業設計に関わる先行研究の知見を体系的・網羅的に整理し、わかりやすく提供することを目的にしています。

　本書は、授業をよりよくしたいと考える教員に向けて、授業設計の実践的な方法を提供するものです。その際に、授業の経験が少ない教員には授業設計の基礎的な知識を、経験が豊富な教員には自身の授業を見直す応用的な知識を提供することを心がけました。扱う範囲は、初回の授業開始までに必要となる設計や準備活動が中心です。授業開始後に必要となる教育活動については、本シリーズの他の巻でも詳しく紹介されていますので、そちらをご参照ください。

　本書の刊行にあたり、多くの方々からご協力をいただきました。シリーズ編者の中井俊樹氏（愛媛大学）、佐藤浩章氏（大阪大学）をはじめ、山田剛史氏（京都大学）、近田政博氏（神戸大学）、栗田佳代子氏（東京大学）、橋場論氏（福岡大学）、丸山和昭氏（名古屋大学）、東岡達也氏（名古屋大学大学院生）には、本書の草稿段階において資料の提供や貴重なアドバイスをいただきました。また、山里敬也氏（名古屋大学）、Jay Dee氏（マサチューセッツ大学）には資料を提供していただきました。小川幸江氏（名古屋大学事務補佐員）には、書式の統一などにご協力いただきました。そして、玉川大学出版部の森貴志氏には、本書の

企画のきっかけをいただき、相馬さやか氏には細かな編集作業などさまざまな点でお力添えいただきました。この場をお借りして、ご協力いただいたみなさまに御礼申し上げます。

　　　　　　　　　　　　　　　　　　　　　編著者　中島英博

本書の構成と使い方

　本書は四つのパートから構成されています。第1部から順に読まれることを想定して書いていますが、自分の関心のあるところから読むという使い方もできます。授業設計の経験に応じて、あるいは、授業の目的や内容などに応じて、求める情報が異なるでしょう。そのため、各章ごとでも内容が完結するように心がけて執筆しました。各パートの内容は以下のようになっています。

　第1部では、授業設計についての理解を深めます。授業設計が求められる背景と、授業設計を行う準備として必要なことがわかるようになっています。

　第2部では、授業設計の基本的な内容を理解します。目標設定、評価の設計、授業の進行計画の設計と、シラバスを書くための具体的な指針と技法がわかるようになっています。特に授業経験が少ない教員を対象とした内容です。また、授業設計に関する事例も紹介しています。

　第3部では、授業経験のある教員でも必要に応じて取り入れられる、授業設計の技法をまとめています。授業時間外学習の充実、意欲や態度を育成するための授業の設計、複数人授業の設計、英文でのシラバス作成など、より質の高い授業設計を行うための指針と技法がわかるようになっています。また、教材に関する事例も紹介しています。

　第4部では、授業設計に取り組む際に役立つ資料を示しています。シラバスの枠組みと事例が中心となっています。

授業設計　目次

- iii 「シリーズ　大学の教授法」刊行にあたって
- v はじめに
- vii 本書の構成と使い方

第1部
授業設計を始める前に

1章　授業設計の利点を理解する

- 002 **1 授業設計が求められる背景**
- 002 1.1 研究活動との類似性
- 002 1.2 授業における時間的制約
- 003 1.3 政策による推進
- 003 1.4 国際的なスタンダード

- 004 **2 教育活動は設計から始まる**
- 004 2.1 継続的な改善サイクル
- 005 2.2 設計の前に分析を行う
- 005 2.3 目標・評価・方法の整合性をとる
- 005 2.4 設計に沿って開発を行う

- 006 **3 授業設計の利点**
- 006 3.1 安心して授業を進められる
- 006 3.2 授業の雰囲気が良くなる
- 007 3.3 学生の高い学習成果につながる

- 008 **4 授業以外の利点もある**
- 008 4.1 カリキュラムの点検を促す
- 008 4.2 学生の単位互換認定に不可欠
- 009 4.3 教員の教育業績の根拠資料になる
- 009 4.4 外部評価時の根拠資料になる

2章　授業設計の前提を理解する

- 011　**1　カリキュラムを理解する**
- 011　1.1　学習成果に基づく授業設計
- 011　1.2　学位授与方針を確認する
- 012　1.3　担当科目の位置づけを確認する
- 012　1.4　外部の参照基準に沿った設計を行う

- 013　**2　学問分野の重要な概念と課題を確認する**
- 013　2.1　学問上の重要な概念と課題を明確にする
- 014　2.2　本質的な問いを目標に取り入れる
- 015　2.3　スキル科目でも重要な概念がある

- 015　**3　授業の参加者を理解する**
- 015　3.1　学生の特徴を理解する
- 016　3.2　学生の好みに配慮する
- 017　3.3　社会人を教える

- 017　**4　教える条件と環境を確認する**
- 017　4.1　教室を知る
- 018　4.2　学習資源の状況を確認する
- 019　4.3　学外の学習資源を活用する

第2部
授業設計の基本を身につける

3章　学生の到達目標を設定する

- 022　**1　到達目標を設定する意義**
- 022　1.1　学習成果中心の目標設定
- 022　1.2　学生の学習の指針として必要
- 023　1.3　評価には到達目標が必要
- 023　1.4　目標に条件を設定する

- 024　**2　到達目標を設定する**
- 024　2.1　整合性のある到達目標を意識する
- 024　2.2　到達目標を分類する
- 025　2.3　認知的領域の目標の種類

025	2.4	精神運動的領域の目標の種類
027	2.5	情意的領域の目標の種類

028	**3**	**学習成果の構造を意識する**
028	3.1	目標にはつながりがある
029	3.2	目標間の構造の考え方
029	3.3	目標の構造を図式化する

031	**4**	**行動目標の限界に注意する**
031	4.1	行動目標のみを評価することへの批判
031	4.2	測定困難な目標を敬遠しない
031	4.3	経験を通じて自分なりの到達目標を確立する

4章　目標に対応した評価を行う

033	**1**	**評価の目的を確認する**
033	1.1	評価の特徴を理解する
034	1.2	目標の到達度を評価する
034	1.3	評価の構成要素を理解する
035	1.4	絶対評価と相対評価の違いを理解する

036	**2**	**成績評価を設計する**
036	2.1	目標に適した評価方法を選ぶ
036	2.2	積み上げ式で設計する
037	2.3	実践型課題のチェックリストを用意する

040	**3**	**学習の進捗状況を評価する**
040	3.1	形成的評価を取り入れる
040	3.2	書かせる課題による形成的評価

042	**4**	**評価のための課題を設計する**
042	4.1	筆記試験を行う
042	4.2	レポート課題を課す
044	4.3	グループ試験を課す

5章　授業の進行と学習活動を設計する

045	**1**	**授業の進行を決める準備**
045	1.1	授業の前提条件を確認する
045	1.2	授業の型を決める

046	1.3	重要なトピックを取り出す

047	**2**	**授業の進行を配列する**
047	2.1	階層によって進行を配列する
048	2.2	らせん型によって進行を配列する
048	2.3	授業時間外の学習を取り入れる
051	2.4	目標に合った教授法を選ぶ

051	**3**	**授業の実施計画を決める**
051	3.1	実施計画を示す意義
052	3.2	実施計画を決める際の一般的な留意点
053	3.3	スケジュールを作成する

6章　シラバスを作成する

055	**1**	**シラバスに求められる役割**
055	1.1	シラバスの定義を理解する
056	1.2	シラバスの役割を理解する
057	1.3	学習を促すためのシラバス
057	1.4	シラバスの記載項目

060	**2**	**授業の目的と到達目標を記述する**
060	2.1	授業の目的を記述する
060	2.2	到達目標を行動目標で記述する
061	2.3	到達目標を点検する

063	**3**	**成績評価の方法と基準を記述する**
063	3.1	評価の方法と基準を示す
063	3.2	合格の基準を学生に伝える
065	3.3	合格の基準に合わせた課題をつくる
065	3.4	ボーナスとペナルティを設定する
066	3.5	学習プロセスを評価する

066	**4**	**授業計画を示す**
066	4.1	学習支援を目的とする
066	4.2	授業時間外の学習活動を示す
067	4.3	さまざまな授業計画の記述方法を参照する
068	4.4	学習プロセスを図式化する

7章　授業設計を見直して改善する

- 071　**1　見直しのための情報を集める**
- 071　1.1　見直しの機会
- 071　1.2　学生の学習成果を確認する
- 073　1.3　アンケートを行う
- 074　1.4　参観者から情報を得る

- 074　**2　シラバスを見直す**
- 074　2.1　見直しの基準をもつ
- 076　2.2　少しずつ充実させる
- 077　2.3　コースパックに発展させる

- 078　**3　ウェブサイト上にシラバスを作成する**
- 078　3.1　シラバスを学生とともに作る
- 079　3.2　ウェブサイトでシラバスを活用する際の注意点

- 079　**4　授業設計を学ぶ**
- 079　4.1　経験から学習する
- 080　4.2　リフレクションの機会を利用する
- 080　4.3　同僚と話をする
- 081　4.4　研修に参加する

第3部

さまざまな授業設計に対応する

8章　授業時間外の学習を充実させる

- 084　**1　授業時間外の学習を促すには設計が重要**
- 084　1.1　政策的に求められる授業時間外の学習
- 084　1.2　自主性に期待するのは難しい
- 085　1.3　学習の質も充実させる
- 085　1.4　授業時間外学習の適切な条件を理解する
- 086　1.5　授業時間外の学習活動を理解する

- 087　**2　教授戦略をもとに授業時間外の学習を設計する**
- 087　2.1　教授戦略をもとにして考える
- 087　2.2　教授戦略を選択する

088	2.3	授業時間外の学習活動を決める
089	2.4	学習課題を準備する

090	**3**	**授業時間外の学習課題を工夫する**
090	3.1	設計を通して学習させる
090	3.2	学習活動の成果を可視化する
091	3.3	学習活動の成果を授業時間内で活用する
091	3.4	フィードバックを与える

092	**4**	**授業時間外学習の設計において配慮すべき点**
092	4.1	学生のスケジュールに合わせて内容と分量を決める
092	4.2	受講者の一部に課題を課す
093	4.3	グループでの学習活動に向けて準備する

9章　教材を準備する

094	**1**	**教材の特徴を理解する**
094	1.1	教材は学習を促す基礎となる
094	1.2	教材の種類を理解する
096	1.3	適切な教材を選択する
096	1.4	教材を配列する

097	**2**	**教科書を用いる**
097	2.1	大学ではさまざまな使われ方をしている
098	2.2	適切な教科書を選択する
099	2.3	参考書を効果的に組み合わせる

100	**3**	**既存の文献を教材にする**
100	3.1	既存の文献を収集する
100	3.2	教材を選択するうえで考慮すべきこと
101	3.3	著作権に配慮する

103	**4**	**さまざまな教材開発の工夫を理解する**
103	4.1	コースパックをつくる
104	4.2	事例を活用する
105	4.3	オンライン教材を作成する
105	4.4	動画教材を作成する

10章　意欲や態度を育成する授業を設計する

107　**1　意欲や態度を設計に取り入れる必要性**
107　1.1　大学の教育目標で重視されている
107　1.2　知識や技能と結びついた目標である
108　1.3　教員自身の成長につながる

109　**2　意欲や態度を育成する授業を設計する**
109　2.1　経験学習を取り入れる
110　2.2　事例で学ぶ機会を取り入れる
111　2.3　目標を明確にする
112　2.4　意欲や態度を育成する課題を用意する

112　**3　意欲や態度を育成するさまざまな教育技法**
112　3.1　ロールモデルを観察させる
113　3.2　シミュレーションを活用する
113　3.3　ポートフォリオを作成させる
114　3.4　リフレクションを促す

11章　複数教員で授業を行う

115　**1　複数教員で教える意義**
115　1.1　複数教員で教える長所と短所
116　1.2　複数教員で教える授業のタイプ
117　1.3　複数教員による授業を行う前提条件
118　1.4　教育方法を学ぶ機会になる

118　**2　リレー授業を設計する**
118　2.1　リレー授業が求められる場面
119　2.2　リレー授業のコーディネータを務める
120　2.3　リレー授業の成績評価を行う
121　2.4　リレー授業に一教員として参加する

122　**3　チーム授業を設計する**
122　3.1　チーム授業が求められる場面
122　3.2　チーム授業の設計の原則
123　3.3　簡単な方法から始める

124　**4　TAと授業を行う**
124　4.1　TAと授業を行う意義
124　4.2　教育者として育成の機会を設ける

xv

125   4.3 役割を明確に設定する

12章　研究指導を設計する

127   **1** **研究活動の指導方針を決める**
127   1.1 重要な教育活動
127   1.2 研究指導科目の特徴
128   1.3 研究指導の基本となる型
130   1.4 研究指導科目の設計

131   **2** **研究指導を設計する**
131   2.1 目標を学生と設定する
131   2.2 専門分野に合わせる
132   2.3 短い期間をかたまりにして計画を立てる
132   2.4 研究指導の実施方法を設計する

134   **3** **学生が研究指導に期待すること**
134   3.1 初期段階の指導
134   3.2 定期的な教員との面談

13章　英語でシラバスを用意する

135   **1** **英文シラバスが求められる背景**
135   1.1 教育情報の国外発信
135   1.2 共同学位プログラムなどに備える
136   1.3 単位互換可能なシラバスを用意する

136   **2** **シラバス作成に必要な用語と文型を理解する**
136   2.1 日本語でのシラバスを充実させる
136   2.2 シラバス英文表記の基本文型
137   2.3 到達目標を表現する
139   2.4 授業の実施計画を示す
140   2.5 授業の概要を英文で示す

141   **3** **初回配付用シラバスを英文で準備する**
141   3.1 記載が求められる項目
141   3.2 優れた例やテンプレートを使う

第4部
授業設計のための資料

- 144　**1　目標の表現方法**
- 144　1.1　医学分野で用いられる目標を表す動詞
- 145　1.2　看護学分野で用いられる目標を表す動詞
- 146　1.3　工学分野で用いられる目標を表す動詞
- 146　1.4　新しく修正された認知的領域の目標水準に応じた行動目標の例

- 147　**2　初回配付用シラバスの例**
- 148　2.1　「産業教育論」
- 159　2.2　「大学組織論」
- 166　2.3　「ディジタル回路工学及び演習」
- 172　2.4　「微分積分および演習1」

- 179　**3　英文シラバスのための資料**
- 179　3.1　到達目標を表すさまざまな動詞
- 180　3.2　シラバス作成のための用語集
- 181　3.3　英文で作成する初回配付用シラバスの例

- 199　参考文献
- 203　執筆者

第1部

授業設計を始める前に

1章

授業設計の利点を理解する

1 授業設計が求められる背景

1.1 研究活動との類似性

　新たな研究に着手する際や既存の研究を発展させる際、最初に取り組む作業は研究計画の取りまとめでしょう。特に研究費の獲得に必要な研究計画書には、研究の目的、期間内に達成する目標、期待される成果や社会的意義、具体的な研究方法と実施計画、実施体制などを、読み手が理解できるように書くことが求められます。このほかにも、全学や学部・学科で取り組む管理運営活動には、中期計画、年度計画、事業計画、調査計画など、多くの計画書があります。

　このように、私たちはある目的を達成するためには具体的な目標と計画が必要であることを知っています。また、その目標や計画は他者に理解されて賛同が得られるよう、明快な文書で伝達される必要があることも知っています。授業も、これと同じ構造をもった活動です。

　大学の授業の場合、カリキュラム全体の中での担当科目の位置づけと目的は所与であるものの、具体的な到達目標や評価の方法などは教員が設計します。学生が授業の目標や計画を理解し、興味をもって参加するには、それらを明快に伝達するシラバスが必要です。授業設計の基本的な考え方は、すでに多くの教員が研究や管理運営において慣れ親しんだ考え方です。

1.2 授業における時間的制約

　研究計画書の審査でも、実行可能性は審査の重要な観点の一つです。そのため、研究期間内に達成する成果を具体的に定めなければなりません。

私たちは、意欲的な到達目標と、実現可能と評価される範囲内の目標との間で、どこに目標を設定すべきか頭を悩ませます。予算、時間、研究者の数など、多くの制約条件を考慮しなければならないからです。

授業においても、時間の制約は教員の頭を悩ませる問題でしょう。教えなければならないことが多い割に、教える時間が少ないと感じている教員も多いのではないでしょうか。多くの教員が、学生に身につけてもらいたいさまざまな知識や能力のうち、授業期間内で獲得可能な目標を何にするか、つまり、何を削り何を残すかについて頭を悩ませています。

一定の時間内に学生が目標に到達する授業を行うには、実現可能性の高い計画が必要です。本書は、そうした実現性の高い計画を作るための考え方と方法論を提供するものです。

1.3 政策による推進

授業設計は、日本の高等教育政策でも継続的に推進されてきました。1991年の大学審議会答申「大学教育の改善について」でシラバスの充実について言及されて以来、授業時間外の準備学習への指示を含むシラバス作成は、答申が出されるたびに繰り返し求められてきました。

この背景には、学生の学習時間が不十分であるという指摘があります。たとえば、授業時間を含めた学生の1日の学習時間は約5時間で、米国の約11時間と比較して短いことや、社会科学分野では1週間の授業時間外学習が0時間の学生が約2割いることを指摘した調査があります（東京大学大学経営政策研究センター 2007）。教員が授業時間外の学習課題をシラバス上に明示することは、学生の学習時間の増加を実現する具体策です。

1.4 国際的なスタンダード

大学教員が授業設計に精通することは、国際的なスタンダードでもあります。たとえばアメリカの研究大学では、大学教員を目指す大学院生向けに、大学教員準備プログラムが開講されています。授業設計、教授法、学習評価、教授支援ツール活用などの基本を学んで修了証を得ることで、教員採用時の教育業績として評価される仕組みが普及しています（吉良・北野 2008）。中でも授業設計は、多くの大学のプログラムにおいて必須の要素です。また、イギリスやオランダでは、新任大学教員は採用から2、3年の間に基礎的な教授資格を得ることが求められています（加藤 2010、井上ほか 2010）。

この背景には、授業設計に必要な知識と技能はある程度体系化されており、教育経験が少ない教員や大学院生でも習得が比較的容易であるという特徴があります。

2 教育活動は設計から始まる

2.1 継続的な改善サイクル

研究活動をはじめ、大学内のさまざまな活動の質の向上は継続的な改善を通じて達成されます。授業においても同様の授業改善サイクルがあり、最もよく用いられるサイクルをADDIEモデルと呼びます（ガニェほか 2007）。ADDIEは次の頭文字を意味します。

- 分析（Analysis）：科目の位置づけ、学生の特徴や既習知識、教えるべき重要な概念を分析して授業の全体像を決める
- 設計（Design）：学習目標と評価方法を明確にし、授業の進行や採用する教育方法を決める
- 開発（Development）：学生の学習に必要な学習課題や教材を作成する
- 実施（Implementation）：実際に授業を行う（教材を提供する）
- 評価（Evaluation）：授業や教材が学習目標の達成に適したものであったかを評価して改善する

しかし、この改善サイクルを直線的に理解するならば、授業が終わらないと改善できないという点で時間がかかりすぎます。改善点に気づいたらできるだけ早く対応すべきです。そこで、図1のようにサイクルの途中でも必要に応じて修正できるよう循環的に理解するとよいでしょう。

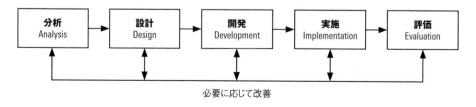

図1　継続的な授業改善のサイクル（出所　稲垣・鈴木 2011, p.3）

2.2 設計の前に分析を行う

　初めて授業を担当する際、いつから授業の準備を始めればよいでしょうか。過去に担当したことがある授業よりも、初めて担当する授業の方が、準備に多くの時間が必要です。授業の準備は、半年前から始めても早すぎることはありません。

　分析は、授業に関する情報の収集から始めます。担当授業の前任者がいる場合、シラバスを確認するとともに、可能であれば前任者に依頼して、課題、配付資料、試験問題などの資料を提供してもらいます。また、教えるべき内容の中で、重要な概念や重要な問いは何かを検討しておきます。たとえば、多数ある定理や公式のうち最も重要なものは何か、その背後にある仮定は何か、教科書の内容で必ず取り上げる部分はどこかを考えておきます。

2.3 目標・評価・方法の整合性をとる

　ADDのうち、設計（D）において重要な問いは三つあります（Mager 1984）。学生が到達すべき目標は何か、学生がどのように目標に到達するのか、学生が目標に到達したかどうかをどのように確認するかの三つです。設計段階で注意すべき点は、この学習目標、学習の内容と方法、評価の方法の三つが整合性をもつよう設計することです。たとえば、目標では問題解決力と意思決定力を高めるという方向を示しながら、知識の量を問うマークシート試験のみで評価をする場合、目標と評価が整合しません。また、目標では実践的な能力を身につけるという方向を示しながら、講義のみで授業を行う場合、目標と方法が整合しない可能性があります。

　こうした授業の全体像は、シラバスにまとめることが求められます。授業選択用シラバスは、授業開始の数ヶ月前から半年以上前に用意することになります。授業の全体像を学生の到達目標、成績評価の方法、各回の授業内容と準備学習、教科書や参考文献、履修条件などの要素に分けて記載します。シラバスは学生が読む文書であり、どのような授業を通して、どのような学習を行うことになるのかを受講前に学生が理解できるように書くことが求められます。

2.4 設計に沿って開発を行う

　ADDのうち、開発（D）は、学生が取り組む学習課題や教材を準備する段階です。過去の大学教育では、最適な教科書を見つけるか、自ら教科書を書

くことで開発段階は終了していたでしょう。しかし、現代の大学教育では、何を教えるかではなく学生が何を学ぶかを中心に設計することが求められます。教科書を見つけることに加え、それをどのように使うのか学生に指示することまでを準備しておく必要があります。

特に、受動的な学習からアクティブラーニングへの転換を進めるには、どのような課題を用意するか、どのようなディスカッションのテーマを用意するか、どのような準備学習を課すかなど、複雑な学習課題の設計が求められます。また、他大学では効果的であるとされた学習課題が、自分の担当する授業でも効果的であるとは限らないため、分析や設計段階を往復しながら開発を進めることになります。

3 授業設計の利点

3.1 安心して授業を進められる

授業を設計しシラバスにまとめるのは時間のかかる作業ですが、充実したシラバスをつくることは教員にもメリットがあります。授業の進行途中には、各回の授業が授業計画全体のどこに位置づき、どこへ向かうかを確認でき、安心して授業を進められます。また、レポートの提出日時を明示することで、「今日提出するレポートがあることを知らなかったので、来週提出してもよいですか」といった問い合わせを減らすこともできます。レポート課題については、課題内容と評価方法、模範レポートの例を示しておけば、教員の期待から大きく外れた内容のレポートを採点するストレスからも解放されます。

一度充実したシラバスをつくると、2回目以降の授業の準備が効率的に行えることも大きなメリットです。授業設計は、教員にとって挑戦する価値がある取り組みといえます。

3.2 授業の雰囲気が良くなる

シラバスを読んだ学生の中には、「シラバスを見ても授業の内容がイメージできない」「シラバスで見た内容と実際の授業が全く異なっていた」という印象をもつ学生がいます。一方で、「この授業はおもしろそうだ」「担当教員は熱心に教えてくれるにちがいない」といった印象をもつ学生もいます。充実したシラバスを書くことで学生の学習への動機づけを高める

ことが可能です。

　また、シラバスがあることで、学生は現在取り組んでいる課題がどこに向かうためのものかを知ることができ、授業に積極的に参加することができます。こうした学生の授業に対する動機づけや積極性が、授業の雰囲気を良いものにします。

3.3　学生の高い学習成果につながる

　授業設計を念入りに行うことは、学生の学習成果を高めるうえで効果的であることを示唆する研究があります。フェルドマンは、学生の学習成果に影響を与える要素について、30以上にわたる実証研究で得られた相関係数の平均値を表1のようにまとめています（Feldman 1997）。

　この結果によれば、「授業の準備と授業設計」が学生の高い学習成果に最も影響を与えることを示唆しています。次に影響を与えているのが「説明の明確さと理解のしやすさ」という授業中の教員の行動です。しかし、

表1　教員の行動と学生の学習成果との相関

教員の行動	相関係数
授業の準備と授業設計	.57
説明の明確さと理解のしやすさ	.56
授業目標に沿った授業	.49
期待される学習成果の明確さ	.46
教員による知的な刺激	.38
高い学習水準への動機づけ	.38
質問の促進と他の意見への寛大さ	.36
教員の会いやすさと親切さ	.36
教員の話し方	.35
授業目標と履修要件の明確さ	.35
内容に対する教員の知識	.34
クラスの水準や進捗への理解	.30
教員の熱意	.27
評価における教員の公正さ	.26

出所　Feldman（1997）pp.368-395より作成

その後に「授業目標に沿った授業」「期待される学習成果の明確さ」が続いていることを見れば、授業開始前の準備や設計に関わる要素が、学習成果に大きな影響を与えていることは明らかです。

4　授業以外の利点もある

4.1　カリキュラムの点検を促す

　ウェブ上でシラバスが原則として公開されるようになり、教員間で相互に授業概要を確認できるようになりました。これにより、カリキュラムの点検が行いやすくなります。たとえば、大学や学部で定める教育目標の中で汎用的な能力の育成を重視しているにもかかわらず、ほとんどの授業が専門分野の知識の獲得に偏った目標を設定している場合、その事実をシラバスで確認することができます。また、専門科目を担当する教員は、必要な前提知識が基礎科目でどのように教えられているかをシラバスで確認することができ、教員間での調整を容易に行うことができます。

　大学教員は、担当分野の専門家として授業内容の決定に大きな裁量が与えられています。一方で、教育はチームプレーであり、大学や学部の教育目標の達成には教員間での協力が必要です。充実したシラバスを作成することは、一貫性のあるカリキュラムをつくるために不可欠です。

4.2　学生の単位互換認定に不可欠

　編入学などのために学生が過去の履修科目を志願大学で単位認定してもらう場合、事務担当者は履修科目のシラバス提出を求める場合があります。科目名称が同じであっても学習内容が同一とは限らず、シラバスなどの情報に基づいて判断するためです。その際に、シラバスの内容が不十分であるために読み替えができないと判断される場合があります。

　たとえば、同じ2単位の科目を認定する場合、90時間の学習がなされているかを、担当者は授業中に配付されたシラバスや学生のノートなどを参考に判断します。授業時間外の課題も含め、シラバスに授業全体での学習量が明示してあれば問題ありませんが、シラバスの内容が不十分であるために判断に苦慮する例は少なくありません。教員は自分のシラバスが不十分であるために学生が不利益を被ることがないよう、設定された単位数に相応しい学習量と学習成果を保証する責務があります。

なお、外国の大学で履修した単位を日本の大学で読み替える場合も同様です。シラバスが不十分であるために、単位認定が難しいと言われている国があることを知っておきましょう。

4.3 教員の教育業績の根拠資料になる

シラバスは、教員の教育能力を示す根拠資料の一つとして活用されています。たとえば、教育に対する考え方とそれを裏付ける根拠資料をまとめた「ティーチングポートフォリオ」と呼ばれるものがあります。根拠資料には、参加したFD研修等の内容、学生からの評価、獲得した補助金などとともにシラバスが含まれています。

アメリカでは多くの大学で、研究業績とともにティーチングポートフォリオがテニュア（終身雇用資格）審査の資料として活用されています。日本でも採用や昇任の際に、教育力を評価するためのツールとして活用されている事例もあります。教員採用において教育力が重視される傾向がある中で、充実したシラバスを書くことは、自らの教育力を正当に評価してもらうことに役立ちます。

4.4 外部評価時の根拠資料になる

シラバスは、大学や教育プログラムの質や適格性を評価する際に、評価者が注目する重要な根拠資料の一つです。表2は、認証評価におけるシラ

表2 シラバスに関する認証評価の評価基準

大学基準協会	学生の学修意欲を促進させるために、適切な履修指導を行うとともに、適切なシラバスを作成し授業計画に基づいて教育研究指導を行い、授業形態、授業方法にも工夫を凝らすなど、学修の活性化のための十分な措置を講ずることが必要である。
大学評価・学位授与機構	・教育課程を展開するにふさわしい授業形態、学習指導法等が整備されていること。 ・適切なシラバスが作成され、活用されているか。
日本高等教育評価機構	大学は、教育研究上の目的を達成するために、学部・研究科などの各教育組織において教育課程を編成し、学生にとって必要な学習量、教育評価の方法を定める必要があります。 ・教育目的が教育課程や教育方法等に十分反映されていること。 ・教育課程の編成方針に即して、体系的かつ適切に教育課程が設定されていること。

出所　大学基準協会(2016)p.104、大学評価・学位授与機構(2011)p.11、日本高等教育評価機構(2007)別pp.1-19を参考に作成

バスの評価基準を示したものです。
　これらの基準に基づき、認証評価では実際にシラバスを見て自己点検内容を確認したり、改善意見が出されます。シラバスの記述内容が不十分であれば、シラバスの充実が求められます。また、研究指導科目であっても指導計画をシラバスに明示するように指摘を受けることもあります。不十分なシラバスを書くことは、作成した教員個人だけではなく、組織全体の評価を低下させることにつながるのです。

2章

授業設計の前提を理解する

1 カリキュラムを理解する

1.1 学習成果に基づく授業設計

　設計という言葉には、目的から逆算するという意味が含まれています。授業設計の場合にも学生が成長した姿を目的として設定したうえで、そこから逆算して教える内容を何にするか、そのためにどのような方法で教えるかを計画します。つまり、授業設計の基本的な考え方とは、学習成果（Learning Outcomes）から逆算して授業の進め方を考えるというものです。

　学習成果は、所定の教育課程を終えた時点で学生が獲得していると期待される知識・技能・態度を指します。医療従事者や技術者などの専門職養成カリキュラムでは、卒業時に共通試験があることも多く、教員間で学習成果が共有されており、学習成果に基づく授業設計を進めやすいでしょう。他方、卒業生の進路が多様なカリキュラムでは、各学部・学科が設定した学位授与方針（ディプロマポリシー）から学習成果を具体的に確認しておくことが必要です。

1.2 学位授与方針を確認する

　大学は、大学全体や学部・学科ごとの学位授与方針を定めています。学位授与方針には、卒業時に学生が獲得している能力が体系的に示されています。通常、ウェブサイトなどを通じて広く社会に公開されているものです。

　学位授与方針は、大学全体のものと学部別の二つに分かれている場合があります。また、表3のように知識、技能、態度の三つの領域に分けて示されている場合もあります。授業設計を始める前に、授業に参加する学生に期待される将来像を理解し、そこで求められている能力を確認しましょう。

表3　学位授与方針で掲げる獲得能力の例

領域	獲得能力の例
知識	・ある分野の知識を体系的に習得している ・現実の問題を理解する方法を習得している ・幅広い教養を身につけている
技能	・論理的に思考する能力をもっている ・論理的に話したり書いたりする能力を身につけている ・外国語でのコミュニケーション能力がある ・適切な情報通信手段を選択して活用する技能を身につけている
態度	・グローバルな問題に関心をもっている ・他者に方向性を示し目標の実現に動員できるリーダーシップを備えている ・社会を構成する者としての責任感と、人としてあるべき姿を自覚した倫理観を備えている

1.3　担当科目の位置づけを確認する

　カリキュラムポリシーは、ディプロマポリシーの達成に必要な教育課程の編成方針を示したもので、科目の内容や教育方法に関する考え方が含まれています。たとえば、「専門科目群」「基礎科目群」「教養科目群」などの科目区分を設定し、各群で必要な単位数を定めることが編成方針に相当します。また、少人数の演習科目、研究方法論科目、インターンシップ科目、卒業研究科目や交換留学など、特定の能力育成を目的とした科目をどのように配置するかも編成方針に含まれます。

　授業の設計を始める前に、担当する科目がカリキュラムの編成方針上どのような位置づけにあるかを確認しましょう。たとえば、初年次セミナーのようなスタディスキルの獲得を意図した科目の担当にもかかわらず、知識の習得に重点を置いた授業を設計することは、カリキュラムポリシーと整合しない授業設計となります。

1.4　外部の参照基準に沿った設計を行う

　担当する授業が外部の認証を受けたプログラムと関係する場合は、前提となる教育目標も参照してみましょう。工学系のカリキュラムでは、日本技術者教育認定機構（JABEE）の認定を受けているカリキュラムが多数あります。その場合、認定を受けたカリキュラムに関連する科目を担当する場合は、その基準に合わせた教育が求められます。教員の所属が工学部でなくとも、工学部の学生が受講する共通科目を担当している場合、基準に合

表4　日本技術者教育認定機構が設定する教育目標

a	地球的視点から多面的に物事を考える能力とその素養
b	技術が社会や自然に及ぼす影響や効果、および技術者が社会に対して負っている責任に関する理解（技術者倫理）
c	数学、自然科学、情報技術に関する知識とそれらを応用する能力
d	該当する分野の専門技術に関する知識とそれらを問題解決に応用する能力
e	諸々の科学・技術・情報を活用して社会の要求を解決するデザイン能力
f	日本語による論理的な記述力、口頭発表力、討論などのコミュニケーション能力と、国際的に通用するコミュニケーション基礎能力
g	自主的、継続的に学習する能力
h	与えられた制約の下で計画的に仕事を進め、まとめる能力
i	チームで仕事をするための能力

出所　日本技術者教育認定機構（2013）p.1を参考に作成

致した授業が求められます。表4は、JABEEが設定する教育目標を示したものです。

2　学問分野の重要な概念と課題を確認する

2.1　学問上の重要な概念と課題を明確にする

　学位授与方針等で示される学習成果は、汎用的な能力として示されます。担当教員には、そうした汎用的な能力を、専門的な教育を通じて身につけさせることが求められます。その際、教員が考えるべきことは、授業終了から数年後でも継続して理解されているべき重要な概念は何かという問いです。

　重要な概念と課題を明らかにするうえで求められるのは、学習内容に優先順位をつけることです。そのためには、「重大な概念と核となる課題」、「知ること・できることが重要」、「知っておく価値がある」という三つのレベルに学習内容を分類するとよいでしょう。たとえば、統計学の授業において、算術平均以外にも中央値、最頻値、加重平均、移動平均などの複数の方法でデータの特徴を解釈させる授業を担当したとします。このとき、授業終了後も継続して理解してもらいたい内容は図2のように考えることができます（ウィギンズ・マクタイ 2012）。

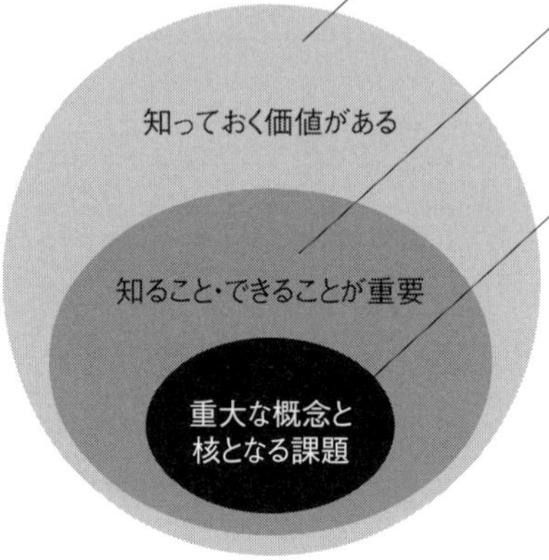

> **知っておく**
> ・現代の統計の発展に貢献した鍵となる人物
> ・定義できるようになる必要はない本質的でない専門用語(4分位数間領域など)

> **知ること・できること**
> ・中心傾向の尺度(平均値・中位値・最頻値・範囲・標準偏差)
> ・データの表示(棒グラフ・折れ線グラフ・箱ひげ図・枝葉図)
> ・統計上の公式や技法

> **重大な概念と課題**
> ・平均、範囲、確実性の程度、統計の嘘、妥当なモデル、信頼できるデータ
> ・理解として組み立てられた重大な概念
> ・統計的な分析が役立ったり意義深かったりすることが証明されるようなパターンを明らかにする
> ・統計は暴露もすれば隠蔽もしうる
> ・公正性のような抽象的な概念も統計的にモデル化できる
> ・核となる課題
> ・さまざまな現実世界の状況において、適切な中心傾向の尺度を選ぶ
> ・現実世界の統計分析と誤解を招くグラフを批評する

(内側から:重大な概念と核となる課題/知ること・できることが重要/知っておく価値がある)

図2 継続して理解してほしい内容(出所 ウィギンズ・マクタイ 2012、p.85より作成)

　重要な概念とは、特定の事実や概念ではなく、他の科目や将来にわたって学習内容を活用できる概念です。現実的な場面で応用できる概念を中心に考えることで、専門教育の内容を、学位授与方針に掲げられた汎用的な能力の獲得につなげることができます。

2.2 本質的な問いを目標に取り入れる

　授業の目標を学生にとって学ぶ意義を感じられ、思考を刺激するものとするために、本質的な問いを考えてみましょう。本質的な問いとは、その学問分野における核となる問いや考え方です。たとえば、「政府はどのような方法で市場を統制すべきか」や「技術の進展は人間の生活を豊かにするか」という問いは、科目の枠を超えてその分野で何度も繰り返し問われる問いです。

　自分の専門分野の中で授業に関連した本質的な問いを考える際には、次のような問いを考えてみましょう。

・単一の正解がない質問である。

- 議論を喚起したり知的刺激がある質問である。
- 高次の思考（分析・評価・推論）が必要な質問である。
- 学問分野の重要な考え方に関連する質問である。
- さらなる追加的な質問を喚起する質問である。
- 単に答えるだけでなく論証や立証が必要な質問である。
- 人々の人生の中で何度も繰り返し問われる質問である。

本質的な問いを考えることは、担当授業で取り上げるべき重要な概念を明らかにするうえで役に立つものです。

2.3 スキル科目でも重要な概念がある

言語教育や数学などの基礎教育は、一種のスキル教育であり、重要な概念を中心とする授業はできないという意見があります。授業の目的をスキルの獲得のみに置くことは可能ですが、スキルの活用に注目することで汎用的な能力の獲得につながる授業設計ができます。具体的には、あるスキルがなぜうまく働いたり働かなかったりするのか、スキルはいつ活用すればよいのかという問いに答えるなかで、重要な概念を探します。

一般に、スキル科目でも次の点に留意することで、重要な概念を探しやすくなります（ウィギンズ・マクタイ 2012）。

- スキルの価値：そのスキルはどんなことをより効果的・効率的に行うのを助けてくれるのか。
- 基底にある概念：そのスキルの理論的な背景は何か。
- スキルの使い方：特定のスキルをいつ活用するかなどの効果的な方策は何か。
- なぜそのスキルがうまく働くか：他の問題でも活用しやすくなるような、スキルの基底にある理論は何か。

3 授業の参加者を理解する

3.1 学生の特徴を理解する

学生を教えるということは、授業に参加する学生を学習目標まで引き上げることです。そのためには、学生の特徴について十分に知っておくこと

が重要です。表5は、授業の設計を始める前に確認しておくべき点をまとめたものです(稲垣・鈴木2011)。

　これらに関する情報は、いくつかの方法で集めることができます。一つは、教職員からの聞き取りです。経験年数の長い教員や学生とよく接している職員に聞いてみることです。あるいは、学生に直接聞いてみてもよいでしょう。特に、学習方法の好みについては、直接聞かれた学生でも答えやすい内容です。

　得られた情報は、授業の設計に活用します。たとえば、授業内容への関心が低かったり興味をもてないようであれば、導入の時間を十分にとる対応をします。基礎的な知識が十分にある場合は議論や演習の時間を増やすこともできます。グループ学習に慣れてない学生が多い場合は、アイスブレイクに時間をかけたり、簡単なグループ作業から始めて少しずつ複雑な課題に取り組む設計にします。

3.2　学生の好みに配慮する

　学生の半数以上はアクティブラーニングよりも講義を好むという調査結果があります(ベネッセ教育総合研究所2012)。学生が講義を好むからといって、講義のみで授業を行うことが効果的とは限りません。多くの大学が掲げる人材育成像の実現には、アクティブラーニングが効果的であることがわかっています(河合塾2011)。アクティブラーニングを好まない学生に対

表5　学生について把握しておくべき項目

前提条件	授業の目標を達成するために、事前に身につけておくべきことは何か。
関連知識	学習内容や学習内容と関連する事項について、知っていることや経験していることは何か。
学習意欲	授業に対する学生の学習意欲はどの程度か。
学生の傾向	クラス内の学生の一般的な能力や成績はどのような傾向にあるか。
学習方法の好み	講義・グループ学習・利用メディアなどに対する好みがあるか。
クラスの特徴	上の項目について、個別の学生のばらつきがどの程度あるか。

出所　稲垣・鈴木(2011) p.35

して、急にアクティブラーニングを取り入れた授業を行うと、戸惑うかもしれないため、アクティブラーニングの経験者が少ない場合は、授業全体を通して少しずつ慣れていける設計にするとよいでしょう。

たとえば、はじめのうちは2人組での話し合いなど簡単な活動から始め、少しずつ話し合いの人数を増やしたり、学生主体の活動量を増やしていく設計にするようにしましょう。

3.3 社会人を教える

大学院を中心に職業経験をもった学生が増えています。生涯学習社会への移行につれて、こうした学生はさらに増えることが予想されます。職業経験をもった社会人が授業の参加者にいる場合、その学生のもつ経験を事例として紹介したり、学生同士での議論を活発にしてくれる役割を期待することができます。

また、社会人の学び方には特徴があります。たとえば、生活や職業に関する問題解決に強い関心をもっており、それらに関連した学習に対して高い学習意欲をもっています。一方で、学習内容が生活や職業に関する問題解決に応用できるかわからない場合、学習意欲が高まらないこともあります。抽象的な理論や概念を扱う際には、社会人のもつ問題や課題への応用に関連づけて学べる設計が必要です。

4 教える条件と環境を確認する

4.1 教室を知る

授業の設計を行う前に、実際に授業を行うことになる教室を見ておきましょう。教室は縦長か横長か、机は移動できるか、黒板とスクリーンを同時に使用可能か、利用できるICT環境にはどのようなものがあるかなど、基本的な教育環境は教室を見るだけで理解できます。ICT機器については実際に使ってみるとよいでしょう。また、教室や機器を使用するための鍵や物品をどこで借り受けるのか、資料を印刷する印刷室はどこにあるかなど教室使用に必要な関連施設を見ておくことも重要です。これらの施設間を実際に移動することで、必要な移動時間なども把握することができます。特に、他キャンパスへの移動を含む場合は、事前の下見をしておく必要があります。表6は、教室を下見する際に確認する点をまとめたものです。

表6 教室下見チェックリスト

- □ 教室や機器を使用するための鍵はどこで受け取るか
- □ 教室の収容定員は何人か
- □ 教室の広さはどの程度か
- □ 机や椅子は移動が可能か
- □ 縦長の教室の場合、最後列から判別できる最小の文字の大きさはどのくらいか
- □ 横長の教室の場合、黒板やスクリーンに死角や光の反射で見えにくい箇所はないか
- □ 映像や音響を使うシステムは正しく動作するか
- □ マイクは何本あるか
- □ ICT環境を利用可能か
- □ プロジェクタは意図した通りに投影できるか
- □ 研究室から教室までの移動時間はどの程度か

　使い慣れた教室であっても施設・設備の更新で変わることもあり、授業が始まるたびに確認するようにします。

　教室の下見は、アクティブラーニングを取り入れる際には特に重要です。壁にポスターを貼りたいが十分なスペースはあるか、複数のプロジェクタを同時に利用可能か、教室内に複数のマイクがあるかなど、実際に導入を計画している活動が実施可能かという視点で点検します。また、実験や実習などの授業を担当する場合も、教室の確認が重要です。授業に使用する物品や機材の種類や数が、想定したものとどの程度異なっているかを実際に教室を見て確認します。

4.2　学習資源の状況を確認する

　教室の状況と合わせて、学習資源の状況も確認します。たとえば、授業で使用する文献リストのうち学内で所蔵しているものがどの程度あるか、アクセス不可能な電子ジャーナルがあるかなどの確認です。また、テキストを指定して購入してもらう場合、どこで注文するか、納品にどの程度の時間がかかるのかなども確認します。

　学生の学習を支援する学内の部署の確認も重要です。図書館や学習支援センターでは、学生に文献の探し方や文章の書き方を指導するサービスを提供しています。これらの学内サービスを利用することで、授業時間を専門的な内容に多く割り当てることができます。また、ティーチングアシスタント（TA）などの学習支援者がいるかも確認します。個別指導を行う

際や多くのグループの学習状況を把握する際は、TAとともに行うと効率的に行うことができます。

4.3 学外の学習資源を活用する

　実験や実習の形態をとらない授業では、学習内容がどのような社会的・職業的な意義をもっているかを十分に理解できない場合があります。そうした課題に対応する方法の一つに、学習内容に関連する社会人・職業人をゲスト講師に招く方法があります。しかし、授業の直前に依頼しては、ゲスト講師側も十分な準備や対応ができないでしょう。授業設計の段階で、ゲスト講師をリストアップし、どのような役割を果たしてもらうかを決めたうえで事前に連絡を取るようにします。

　また、学外の施設などを見学したり、その施設で働く人の話を聞く機会も、重要な学習資源になります。事前に訪問や見学が可能なスケジュールを確認し、学習資源として活用可能かを確認します。ただし、学外での活動が必要な課題の設定には、配慮しなければならない点があります。たとえば、学生が外出中に事故に遭った場合、大学としてどのような対応をしなければならないかを確認する必要があります。保険の加入の必要性なども含めて、事前に学内の教職員に相談したうえで、学外活動を設定するか否か、設定する場合は全員に必須とするか選択とするかを決めます。

第2部

授業設計の基本を身につける

3章

学生の到達目標を設定する

1 到達目標を設定する意義

1.1 学習成果中心の目標設定

これまで、大学教員は自らの興味や関心に沿って授業を設計してきました。たとえば、教員が重要と考えるテーマをリストアップしたり、教科書の重要な部分を網羅するように設計する方法です。「この授業では、糖質およびタンパク質の化学的構造を、生体物質としての役割という観点から概説する」「この授業では、民法の債権総則のうち、債権の効力、損害賠償、契約の解除、弁済・債権者遅滞までを講義する」といった授業目標は、こうした観点で記述されたものです。

しかし、現在ではこのような授業の設計は、効果的でないと考えられています。その理由として、学生の到達度を確認しにくい設計方法であることや、学部・学科の目標との整合性が不明確になる場合があることがあげられています。

1.2 学生の学習の指針として必要

到達目標を明確に示すことにより、学生は何を身につけるために学習するかを理解できます。目標がわからない中で取り組む学習活動の場合、学生が教員の意図とは異なる学習目標を達成しようとしたり、不安を感じたり、モチベーションを維持できないことがあります。到達目標を隠しておき、授業の進行の中で学生自身に気づかせる方がモチベーションが高まると考える教員もいるかもしれません。しかし、隠された目標に気づく学生は多くありません。

到達目標の明示は、教員にとっても有益です。目標を明確にしておくこ

とで、授業の内容がぶれたり目標と関係のない内容が入ることを避けることができます。また、授業が予想よりも進まない場合にどの内容を省くか、あるいは予想以上に進んだときにどのような内容を追加するかを判断する指針にもなります。

1.3　評価には到達目標が必要

　教員は授業の終了後に学生の成績評価を行います。学生がどの水準まで到達したかを判定するためには、基準が必要です。到達目標を明確かつ具体的に設定しておくことで、成績評価を容易にすることができます。また、明確な到達目標が示されることで、学生は身につけた能力を自己評価することが可能となります。教員による評価と学生の自己評価を繰り返すことで、両者の差異が小さくなり、学生は受け取った評価結果に納得しやすくなります。

　こうした長所を生かすために、到達目標の設定は、① 主語を学生にして記述すること、② 学生の行動の形で記述すること、③ 一つの文章で一つの目標を記述することの3点に注意して設定します。特に、学生の行動の形で記述することが重要です。到達目標を観察可能な学生の行動で表現したものを行動目標と呼びます。

1.4　目標に条件を設定する

　目標に条件を設定することで、目標の難易度が変わります。たとえば、「実験を行う」という目標は、手順書を見ながら行う場合とそうでない場合では難易度が異なります。また、「計算する」という目標も、計算に必要な公式が与えられる場合と、公式の導出を求める場合とでは難易度が異なります。

　設定した行動目標がどのような条件のもとで行われるべきかを明示しておくと、評価方法の設計が容易になります。目標に付随する条件には、次の二つがあります（小金井・森川 1975）。

　一つは、行動目標の実行を促す条件を示すことです。たとえば、「辞書を用いて」「公式が与えられたとき」「教員の指示に基づいて」「他者の実践を見たあとに」などの言葉を用いることで、実行の条件を示すことができます。もう一つは、行動目標を客観的に評価するための条件を示すことです。たとえば、「順序正しく」「できるだけ多く」「何通りもの方法で」「少なくとも五つ以上」「5%の誤差で」などは、目標を評価する基準に関連する条件です。

2 到達目標を設定する

2.1 整合性のある到達目標を意識する

　到達目標を設定する前に、到達目標、学習評価、学習活動の三つは相互に連動して設定されるものであることを確認しておきましょう。これら授業設計の三つの要素は、一つが変わると残りの二つも連動して変わるものです。評価の方法や学生の学習活動は後から詳細に設計することになるものの、三つの要素の大まかな整合性は、詳細な設計の前に決めておく必要があります。

　たとえば、アジアの歴史を担当する教員が、重要な出来事に対する各国の対応と国家間の関係の変遷を理解することに加え、歴史に対する批判的な考え方を身につけてほしいという目標を設定した授業を考えてみましょう。学習目標は、基礎的な知識と批判的な思考力の獲得です。この目標に対して、講義を行い、知識の定着を確認する筆記試験を実施した場合、三つの要素は整合していると言えるでしょうか。批判的な考え方を学び、実際に試してみる機会が学習活動に含まれていなかったり、批判的に考えることを確認する評価方法を取り入れたりしなければ、学習目標と整合しているとは言えません。

2.2 到達目標を分類する

　大学の授業では、認知的な目標、すなわち知識の獲得と活用に関する目標が含まれない授業はほとんどないでしょう。しかし、ディプロマポリシーを参照するとわかるように、卒業時の到達目標は認知的な目標のみで構成されていません。到達目標には複数の種類があることを理解しておくとよいでしょう。また、認知的な目標であっても、単に知識を記憶するだけの状態を卒業時の到達目標にすることもないでしょう。より高次の水準で知識を活用できることを求めている場合がほとんどです。

　こうした目標の領域と水準を分類するものとしてよく用いられるものに、ブルームの教育目標の分類があります。これは、目標の性質に応じて次の三つに分けられます（梶田 2010）。

　　認知的領域………　知識に関する目標で、知識の獲得と活用に関する目標が含まれます。
　　精神運動的領域…　技能に関する目標で、技能の獲得と熟達化に関する

表7 ブルームの教育目標の分類

高次	6	評価		
↑	5	統合	自然化	個性化
	4	分析	分節化	組織化
↓	3	応用	精密化	価値づけ
	2	理解	巧妙化	反応
低次	1	知識	模倣	受け入れ
		認知的領域	精神運動的領域	情意的領域

出所　梶田(2010) p.128より引用

　　　　　　　　　　目標が含まれます。
　情意的領域………　態度に関する目標で、態度の受け入れと内面化に関する目標が含まれます。

　ブルームが分類した目標には、表7のように段階的な水準があります。たとえば、認知的領域では、覚えたことを再生する知識の水準から、知識を応用したり知識の適応の可否を判断する複雑で抽象度の高い水準に至る段階です。大学教育では、知識の獲得にとどまらずその活用や応用段階の学習成果が期待されています。大学教育には、高次の目標到達が期待されていると言っても、低次の目標を軽視してよいわけではありません。段階をふまえて、低次の目標の到達から高次の目標達成へ進めるよう、学習の内容と順序を工夫します。

2.3　認知的領域の目標の種類

　認知的領域の目標は、表8のように定義されています。六つの水準は、知識、理解の水準と、応用から評価までの水準の二つに大きく分けることができます。前者は低次の目標と言われることもあり、学生が学習内容を受け入れることを中心にした段階です。後者は高次の目標と言われることもあり、身につけた内容を用いて活動することを中心にした段階です。大学教育では、ほとんどの授業で高次の目標の到達が求められます。

2.4　精神運動的領域の目標の種類

　表9は、精神運動的領域の目標水準とその例をまとめたものです。精神運動的領域の目標には、技能の獲得に関する目標段階が含まれます。そこでは、示された動作を模倣する水準から、動作が自動化されるほどに熟達

表8　認知的領域の目標水準と目標の例

水準		定義	目標の例
6	評価	・一定の目的に対する、内容の正確さ、採用された方法の妥当性、論理の整合性・一貫性を評価できる。	・統計分析によって結論の妥当性を評価できる。 ・直近の経営指標から投資判断の妥当性を批評できる。
5	統合	・要素や部分をまとめて新しい構造やパターンを構成するように統合できる。 ・異なる意見をまとめて解決策を示せる。 ・手元のデータから仮説を立てられる。 ・仮説を検証する手順や方法を提案できる。	・ヘリウムネオンレーザーの射出装置を制作できる。 ・自殺幇助支持者に対する反論を論理的にまとめることができる。
4	分析	・学習内容に含まれる要素を見出して説明できる。 ・学習内容の中に因果関係を見出したり、誤った推論を指摘できる。 ・学習内容間を統一する原理やメカニズムを見出して説明できる。	・人間のクローンを作ることに対する是非を列挙できる。 ・与えられた実験計画の中から、重要でないものを削除できる。 ・作品における登場人物の関係を図示して、象徴的な表現とその効果を説明できる。
3	応用	・抽象的な概念を新しい具体的な場面に適用できる。	・光合成反応における光量の影響を調べる実験を設計できる。 ・金利が変動した際のローン返済計画を設計できる。
2	理解	・学習内容を別の言葉で正しく言い換えられる。 ・学習内容同士の関係を説明したり要約できる。 ・学習内容の条件を判別して、意味や結果を推論できる。	・代謝メカニズムを図にできる。 ・回路図の抵抗値を求める計算式を書ける。 ・金利の低下が経済に及ぼす影響を説明できる。
1	知識	・用語や事実についての知識をもっている。 ・具体的なものを扱う方法や手段についての知識をもっている。 ・原理や構造についての知識をもっている。	・ニュートンの運動の3法則を述べることができる。 ・主要なシュルレアリスム画家をあげることができる。

出所　Nilson(2007) p.23を参考に作成

した水準までの段階があります。精神運動的領域の目標は、主に、実技、実験、実習、実演などの科目やそうした要素を含む科目で求められる目標と言えます。

　大学生のような青年期を対象とした教育では、認知・精神運動・情意を統合した学習が効果的であるという指摘もあります（ロジャース 2007）。多くの授業で精神運動的領域の目標を設定できるようにします。たとえば、実験器具やソフトウェアの習得を目標に含めたり、言語教育であれば4技能

表9　精神運動的領域の目標水準と目標の例

水準		定義	目標の例
5	自然化	・緊張を伴わない自動的反応として動作できる。 ・習慣的な動作として行える。	・コンピュータを速く正確に操作することができる。
4	分節化	・複数の動作を順序よく、かつ一貫性が高く行える。 ・身体の各部の動作が調和的に行える。	・一連の動作を組み合わせた映像を作ることができる。
3	精密化	・手本なしに自分自身の方法で動作を再生産できる。 ・場面の条件に応じて臨機応変の動作ができる。	・支援がなくとも行える。 ・初心者に対して手本を見せることができる。
2	巧妙化	・選ばれた動作を誤りなく行える。 ・動作間の分化ができ、必要な動作を選んで行える。	・説明を受けたり文献を読むことで行える。
1	模倣	・示された動作を模倣して試みることができる。	・作品の模写ができる。 ・手本を見ながら行える。

出所　Simpson(1971) pp.60-67を参考に作成

(読む、書く、話す、聞く)のすべてをバランス良く目標に含めるなどの方法があります。

2.5　情意的領域の目標の種類

　情意的目標は、態度や興味・関心に関する目標段階が含まれます。そこでは、新しい態度を受け入れる段階から、いかなる条件下でも個人の中で一貫した態度をとれる価値観を確立した段階まであります。表10は、情意的領域の目標水準とその例をまとめたものです。特に医療職、教育職、法律職といった職業人養成型のカリキュラムでこれまで重視されてきた目標です。しかし、今日では専門分野にかかわらず多くの大学・学部・学科が「主体性をもって多様な人々と協働して学ぶ態度」などを教育目標に掲げています。そのため、どのような専門分野の授業であっても情意的領域の目標を取り入れることが望ましいと言えます。職業倫理を身につけることやチームで協力して取り組むことが、情意的領域の目標の代表的な例になります。

表10　情意的領域の目標水準と目標の例

水準		定義	目標の例
5	個性化	・個人の中で複数の価値観が一貫した内的体系や世界観を形成し、個人の行動を統率する。	・倫理的問題に対して専門職としての解決策を示すことができる。
4	組織化	・二つ以上の価値が関係する場面で、それらの価値の相互関係を決め、中心的価値を設定する。	・自由と義務、専門職と一般人、職場と家庭など、異なる考え方の間でバランスをとった判断ができる。
3	価値づけ	・積極的な反応に加えて、その現象や刺激のもつ価値を理解し、それを自分のものとする。	・実際の行動をする場面で、価値観に沿った行動ができる。 ・問題解決の場面で責任をもって進めることができる。
2	反応	・単に注意を向ける以上に、積極的・能動的に反応して注意する。	・他者と議論をしたり自分の意見を表明できる。 ・新しい考え方や物の見方を深く理解するために質問をする。
1	受け入れ	・ある現象や刺激の存在を感じて、注意を向けたり進んでそれを受け入れる。	・他者の意見を注意深く聞ける。 ・新たに知り合った人の話を聞き、名前と特徴を思い出せる。

出所　Krathwohl et al.(1964) pp.98-164を参考に作成

3　学習成果の構造を意識する

3.1　目標にはつながりがある

　到達目標の中には、授業の前半で到達した目標が授業の後半の目標の前提になっているなど、目標間に構造的な関係がある場合があります。たとえば、情報ネットワークのリスクについて問題設定と工学的な解決を提案できるという目標は、リスクを評価する理論や情報処理技術の習得、現実の問題に関する理解、チームの中で役割を果たしたり必要に応じてリーダーシップ発揮できるといった目標に到達していることを前提にしています。ある目標の前提となる目標がある場合、前提となる科目でそれを習得していないのであれば、その目標を担当科目の中で習得できるよう設計する必要があります。

　こうした目標間の構造をシラバス上にも明確に示しておくことは、学生にとって目標到達の手がかりになります。

3.2 目標間の構造の考え方

　到達目標の構造を考える方法の一つは、最終的な授業の目標から出発して、それを構成する小さな目標を明示する方法です。たとえば、認知的領域の目標水準では、応用・分析・統合・評価といった高い水準の目標を設定します。そのうえで、それらに対応する、前提となる知識や理解の水準の目標をリストアップします。図3は、最終的な目標と、前提となる知識や理解の水準の関係を示したものです。

　もう一つの方法は、行動目標のリストアップから始めることです。ディプロマポリシーやカリキュラム上の要請を前提にして、まずできる限り多くの目標をリストアップします。2単位の学習時間では、20から50の行動目標がリストアップされると言われます(中井ほか 2003)。シラバスではこれらを整理して、三つから五つの大きな目標へとまとめます。この方法は、語学教育などCAN-DOリストがある分野や、数学など自然科学分野の基礎科目で取り入れやすい方法です。

3.3 目標の構造を図式化する

　到達目標に構造的な関係がある場合は、それを図式化できると構造をより明確に示すことができます。このような図式化は、グラフィックシラバスとも呼ばれます(Nilson 2007)。これは、学習内容をフローチャート、ダイアグラム、樹形図として示したもので、学生が到達目標と授業内容をよりよく理解することを促進するとともに、教員が授業内容を精選し、よりスムーズな流れで授業を構成することを促します。図3は、生産管理論の授業の到達目標を図式化した例です。

　多くの授業で取り入れやすい図式化は、高次の目標の前提となる知識や理解を示すことです。この過程で、最も重要な知識や理解は何か、知っておくべきだが省略できる内容は何かをより明確にできます。文章で書かれたシラバスの中に入れ込んで使用します。グラフィックシラバスは、初回の授業のオリエンテーション時に提示するだけではなく、授業の途中でも随時参照することで、到達目標を意識した学習をさせることができます(佐藤 2013)。

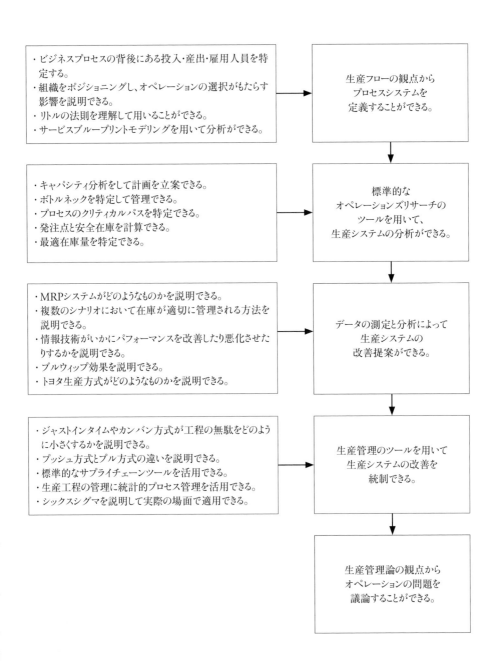

図3 「生産管理論」の到達目標の構造化の例（出所　Nilson 2007、p.87を参考に作成）

4 行動目標の限界に注意する

4.1 行動目標のみを評価することへの批判

　行動目標を設定し、それを評価していくやり方に対する批判もあります。たとえば、行動目標は、授業設計上は、論理的に配列せざるを得ません。しかし、すべての学びが学問的知識のように連続的かつ、直線的に進んでいくわけではないという批判があります。特に情意的領域の目標については直線的に到達するものではないと言われます。また、細分化された学習は学ぶ知識が断片化されてしまい、それらを総合する問題解決能力や思考力等を育成することに限界があるという批判もあります。学生にとっては、機械的で表面的な目標達成が至上目的になってしまい、深い学習につながらないというものです。これらをふまえて、行動目標を設定することの限界についても理解しておきましょう。

4.2 測定困難な目標を敬遠しない

　行動目標による目標設定では、「○○について理解する」や「○○に対する問題意識を高める」という目標は適切ではなく、「○○を計算で求めることができる」「○○の概念を説明することができる」という目標の方が、到達の評価が明確にできると考えられます。しかし、測定困難な目標を敬遠しすぎると、カリキュラム上重要な目標から目をそらす恐れがあります。

　また、「理解する」や「価値を認める」などの目標は、学生の内面を表した目標です。こうした目標を敬遠することは、目標さえ達成されればどのような過程で学ぶかは問わないというメッセージを学生に伝えることになります。

4.3 経験を通じて自分なりの到達目標を確立する

　行動目標に沿って明確に評価可能な目標を設定することは、新任教員にとって不可欠な授業設計スキルの一つです。また、学位授与方針に沿って授業を設計するために必要な考え方です。そこで、授業の経験が少ない間は、行動目標を明確に設定することを心がけるようにしましょう。

　一方で、授業の経験を重ねていくと、学生が学習内容を理解するプロセスや学生の特徴がわかるようになり、行動目標だけでは捉えきれない理解や認識の問題に気づくようになります。行動目標にしばられると、教員の

成長とともに生じる創意工夫への意欲を削ぐことになります。そこで、授業の経験を重ねる中で、学問分野の本質的な問いを少しずつ到達目標に取り入れ、学生がより長期にわたって授業の内容を学び続ける授業づくりに挑戦しましょう。

4章

目標に対応した評価を行う

1 評価の目的を確認する

1.1 評価の特徴を理解する

　授業担当者に必ず求められることの一つに、学生の学習評価があります。特に、最終的な成績を判定する評価は、専門家である教員が単位の認定を通して学生の学習成果の質を保証するものです(中井 2010)。適切な学習評価は教員の社会的責務であり、知識や技能が不十分な学生を輩出することは、大学への信頼を損なうことにつながります。

　一方で、評価というものを最終的な成績評価のみで考えると、評価の見方を狭くします。教員が評価を学生を断罪したり序列化したりする機会と捉えていると、学生は評価に対して萎縮するでしょう。しかし、学生の学習状況を把握し今後の学習の進め方を示す機会と捉えると、学生は評価を成長の機会と肯定的に考えるようになります。評価を学生の学習を促進する機会にしましょう。

　一般に、評価は場面に応じて三つに分けられます。

- 診断的評価：授業の開始時に行う評価で、学習者の準備状況を確認するために行う。この結果を指導の計画に活用する。レベル別に振り分けるテストなどが代表的な例。
- 形成的評価：授業の進行中に行う評価で、到達目標に沿った成果が得られているかを確認するために行う。この結果を指導の計画に活用する。クイズや小テストなどが代表的な例。
- 総括的評価：授業の終了時に行う評価で、設定した到達目標に達したかを確認するために行う。最終試験や成績判定などが代表的な例。

このうち、形成的評価が学生の学習を最も促進すると言われます。

1.2 目標の到達度を評価する

　評価とは、学生が到達目標を達成できたかに関する情報を集めるために行われるものです。よって、学生の到達目標を設定すると同時に、目標の到達を示す根拠を何にするか決めましょう。授業の終盤に「授業で扱った範囲を期末試験の範囲にします」と学生に伝えるのは望ましくありません。どのような授業をするかを設計する前に、評価の方法と基準を定めることで学習目標・学習評価・学習の内容と方法の整合性を確保しやすくなります。

　学生が到達目標を達成できたかに関する情報を集めるために行うという考え方は、従来の評価を見直す視点も提供します。たとえば、授業への出席は、設定された到達目標に何ら関係ないのであれば、評価として適切ではありません。その代わりに、毎回のミニッツペーパーや小テストを課すと、到達目標の一部が達成されたかを評価することができます。同様に、受講態度も、到達目標に関係ないのであれば、評価方法として設定すべきではありません。その代わりに、グループワーク時の学生同士の相互評価や観察評価を設定すると、到達目標の達成度を評価することができます。

1.3 評価の構成要素を理解する

　評価という活動は、評価主体、評価対象、評価目的、評価基準、評価方法の五つの要素から構成されます(中井 2010)。評価を有意義な活動にするには、これらの構成要素をできるだけ明確にしておきます。一般にシラバスでは、最終的な成績を判定するための評価基準と評価方法を明記することが求められています。

1 | 評価主体

　誰が評価を行うかです。最終的な成績判定は教員の責任で行いますが、形成的な評価では教員以外にもティーチングアシスタント(TA)や学生に評価に参加してもらうことで、評価の効率性を高めることができます。

2 | 評価対象

　何を評価するかです。授業終了時の学生の学習成果は重要な評価対象ですが、授業のプロセスの中でも、学習意欲、学習習慣、学習の進捗状況な

どが評価対象になりえます。

3｜評価目的
何のために評価を行うかです。成績判定は授業における評価の重要な目的ですが、学生の学習の改善や教員自身の授業の改善も目的になります。

4｜評価基準
どのような尺度で評価を行うかです。学生に与える評価結果の根拠となるものであり、設定された学習目標に対する到達の程度を使用します。

5｜評価方法
どのように評価のためのデータを収集するかです。筆記テストやレポートが一般に利用される方法ですが、評価目的や評価基準によっては観察や面接などが適切な場合があります。

1.4　絶対評価と相対評価の違いを理解する

絶対評価とは、学生が到達目標に関する各水準に達したかのみで評価する方法です。受講生全員が最高水準に達したということであれば、受講生全員に最高の評価を与えることもできます。逆に、受講生全員が不合格ということもあり得ます。

相対評価とは、集団の中での相対的位置によって、学生の評価を決定する方法です。受講生全員が到達目標について十分に学習したと認められる場合でも、受講生全員に最高の評価を与えることはできず、前もって定められた割合に基づいて評価します。相対評価で評価を行う場合には、その根拠となる評価結果に十分なばらつきが出るように評価方法を選択する必要があります。

どちらの評価方法が優れているかを決めることは困難です。その授業の目的や組織の方針に依存することが多いからです。また基本的には絶対評価であっても、緩やかに配分割合を決めることも可能です。たとえば、A+の割合は10％未満にするなどです。いずれにせよ、自分の授業の中で、どちらの評価を採用するのかについて根拠をもって説明できるようにしておくことが重要です。

2 成績評価を設計する

2.1 目標に適した評価方法を選ぶ

　教育活動で用いられる評価方法にはいくつかの種類があり、目的に合わせて選ぶ必要があります。よく使われる評価方法には、筆記試験、学習記録(学生が作成した日誌、ワークシート、フィールドノートなど)、プレゼンテーションを含む口述試験、観察(実験、実習、シミュレーション学習、ロールプレイ学習などの活動中の成果・態度・発言など)、レポート、制作物(刊行物、図面、作品など)があります。

　表11は、それぞれの評価方法が、どのような側面の評価に適しているかをまとめたものです。たとえば、筆記試験は知識や理解の評価には適していますが、興味・関心や技能の評価には適していません。大学教育で重視される目標の一つである思考力や論理力の評価には、口述試験やレポート試験が適しています。思考力や論理力を目標に掲げた授業では、評価方法の候補として検討するとよいでしょう。

2.2 積み上げ式で設計する

　積み上げ式の評価は、目標到達の行程をいくつかの段階に分け、独立した評価を行いながらそれらを合算して最終的な成績を判定する方法です。知識の獲得が中心となる基礎科目などで活用しやすい方法です。

　たとえば、微分・積分という授業を例にしてみましょう。この授業では、(1)与えられた1変数関数の1階微分、高階微分を求めることができる、

表11　目標に対応した評価方法の選択

	知識・理解	思考・判断	技能	関心・意欲	態度
客観テスト	◎	○			
記述テスト	○	◎			
レポート	○	◎	○	○	◎
観察法	○	○	◎	◎	○
口頭(面接)	◎	◎		◎	○
質問紙法				◎	○
実演		○	◎	○	
ポートフォリオ			○	○	○

出所　梶田(2010) pp.164-166より作成

(2) 具体的な1変数関数の、指定された極限を求めることができる、(3) 基本的な積分公式や置換積分・部分積分を用いて、積分を計算することができる、(4) 部分分数分解について理解し、分数式の積分を計算することができる、(5) 簡単な微分方程式を解くことができる、という五つの目標があります。この場合、五つの目標それぞれについて20点満点の試験を行い、その結果を合計して100点満点で成績評価を行います。

　この設計方法は、評価の方法と基準を対外的に示しやすいため、多くの教員が採用している方法です。また、成績判定を客観的に行うことができ、たとえば成績をBにすべきかCにすべきかで悩むことも少ない方法です。一方で、成績の集計に時間がかかるという問題もあります。特に、学生数が多くなると、学生の得点を記録して保管する手間がかかります。

　積み上げ式は単純でわかりやすい反面、目標の一部しか評価できません。表11で示したように、目標に合わせた評価を行うには複数の評価方法を組み合わせる必要があります。

2.3　実践型課題のチェックリストを用意する

　レポート、論文、実験、実習、実演、実技、発表、作品などの実践型課題で評価を行う場合、評価の観点は複数になります。そこで、実践型の課題で評価を行う場合は、教員がどのような観点で評価を行うかを、学生にわかりやすく伝えましょう。その際には、評価の観点をすべて書き出したチェックリストを用意し、学生が課題に取り組む前に示します（表12）。このときに、チェックリストの項目を、学生が自己評価できる形で示すことが重要です。たとえば、「参考文献を適切に引用している」ではなく「参考文献の8割が学術論文である」「10本以上の論文を引用している」「三つ以上の異なる論文誌の論文を引用している」など、具体的で自己評価可能な表現にします。

　チェックリストを複数の評価尺度を使って示せると、学生により詳しく求められる実践を示すことができます。表の縦軸に評価の観点を示し、横軸に達成の水準を示したものをルーブリックと呼びます（表13）。

表12　レポート課題のチェックリストの例

内容
☐ 与えられたテーマを扱ったものである。
☐ 選んだテーマの重要な点を論じている。
☐ 既知の事項、通説となっている事項、未解明の事項について、筆者は十分に理解している。
☐ 専門用語の用法は正確で誤りがない。
☐ 筆者自身の知識や経験を取り入れている。

批判的思考力
☐ 事実、解釈、分析、筆者個人の意見の量的なバランスが適切である。
☐ 妥当で論理的な分析がされており、関連する問題について十分理解している。
☐ 洞察に富み、独自の考えが述べられている。
☐ 正確な説明が詳しく書かれており、筆者の主張を補強している。

形式
☐ 読者を引き込むような優れた導入と、読者に解決策を得たと思わせるような結論を備えている。
☐ 次の内容に移る際に接続が工夫され、前後のつながりが明確である。
☐ さまざまな文献が適切に引用され、筆者の主張を補強するために効果的に利用されている。
☐ 文章構成が論理的で効果的である。
☐ 難易度の高い語彙を正確に用いている。
☐ 句読点を正確かつ効果的に用いている。
☐ 文献の引用書式が統一されている。

出所　スティーブンス・レビ(2014) pp.56-58を参考に作成

表13 レポートのルーブリックの例

	模範的	標準的	改善を期待
引用	信頼できる出版元や著者による文献やデータのみを引用している。五つ以上の文献と二つ以上の公刊統計を用いている。	文献の選択に改善の余地があるが、複数の文献を選択して引用している。	文献を十分に引用していなかったり、引用していることがわからない、引用の方法や分量に不適切な点がある。
論理構成	結論を得るまでの過程が明確で、複数の論拠や対立する論拠を示しながら、論理的に一貫した構成となっている。	論拠や対立意見の扱いに不十分な点もあるが、結論を得るまでの過程が論理的に一貫している。	結論を得る過程が明確でない。または、情緒的な記述による結論を示している箇所がある。
問題設定	問題に対して興味深い仮説を立て、自らの考えに基づく結論を示している。	意義や重要性に改善の余地があるものの、仮説を示している。結論がありふれたものであるものの、自らの考えをまとめている。	仮説や問題意識が不明確である。他者の意見を批判することなく、仮説や結論に用いている。
体裁	段落が適切につくられている。見出し、図表の見出し、参考文献が正しくつけられている。指定された分量で作成されている。	段落や見出しの設定に不適切な箇所もあるが、概ね正しくつくられている。指定された分量を大きく逸れない範囲で作成されている。	段落や見出しの設定に不適切な箇所が多い。指定された分量を大きく逸脱している。
表現	専門用語を正しく使用している。文体が統一され、読みやすい文章で書かれ、表現の繰り返しが少なく、誤字脱字がない。	専門用語の使用に改善が必要な箇所もあるが、概ね正しく使用されている。読みやすさに改善が見られるが、誤字脱字が少ない。	専門用語を用いていなかったり、誤って用いている箇所がある。表現に間違いが多い。

出所 スティーブンス・レビ(2014)p.128を参考に作成

事例 金沢工業大学では、「総合力ラーニング」型授業(総合力の育成を目的としたCLIP(Creative Learning Initiative Process)に基づくアクティブラーニング)を座学型授業も含めた全科目で導入しています。そしてすべての科目において、その科目でどのような総合力(「知識を取り込む力」、「思考・推論・創造する力」、「コラボレーションとリーダーシップ」、「発表・表現・伝達する力」、「学習に取組む姿勢・意欲」)が身につくのかを学習支援計画書(シラバス)で明示しています。たとえば、「科学技術者倫理」という授業では、上記五つの総合力と評価方法(試験・クイズ・レポート・口頭発表・ポートフォリオ・グループ討議への貢献度)ごとの割合が、以下のように明示されています。

達成度評価

指標と評価割合 \ 評価方法	試験	小テスト・クイズ	レポート	成果発表(口頭・実技)	作品	ポートフォリオ	その他	合計
総合評価割合	20	15	35	15	0	5	10	100
総合力指標 / 知識を取り込む力	8	7	10	0	0	0	0	25
総合力指標 / 思考・推論・創造する力	8	8	10	5	0	0	0	31
総合力指標 / コラボレーションとリーダーシップ	0	0	0	5	0	0	0	5
総合力指標 / 発表・表現・伝達する力	4	0	5	5	0	0	0	14
総合力指標 / 学習に取り組む姿勢・意欲	0	0	10	0	0	5	10	25

3 学習の進捗状況を評価する

3.1 形成的評価を取り入れる

　授業の進行途中で行う形成的評価は、到達目標に沿った成果が得られているかについて把握し、その後の教育活動に活用するための評価です。成績に反映させる場合もありますが、教員・学生の双方にとって学習を改善するための有益な情報を与えることが目的です。教員が学生に学習を改善するための情報を与えることを、フィードバックと呼びます。

　たとえば、授業中に行う試験の前に模擬試験を行い、学生が間違えやすい箇所を特定して追加の説明を行うことがフィードバックです。学生の学習成果に対する教員のフィードバックは、学習を効果的にする基本的な方法です。形成的評価を取り入れる際には、できるだけ頻度を多く、多様な形態で実施するようにします。

3.2 書かせる課題による形成的評価

　形成的評価を行う方法には、さまざまなものがあります。授業の中で取り入れやすいものから始め、少しずつ頻度と種類を増やしていきます。

　表14では、書くことを中心とした課題をまとめています。授業時間中に短時間で取り組めるものから、授業時間外に一定の時間を要するものまで

あり、多くの授業で活用できるものです。

表14　書くことを中心とした技法

ウォームアップ (授業中)	授業の冒頭で教員が指示した内容をノートやワークシートに記述します。過去の授業を振り返り、今後の学習への関心を高めるために用います。記述の後で学生間で意見交換することもできます。「前回の授業のキーワードを三つ書いてください」「予習で読んだ文献の最も重要なポイントを5行で書いてください」「前回の実験でうまくいかなかったことと、今回修正したいことを書いてください」
ミニッツペーパー (授業中)	ウォームアップと逆に、授業の終了時に授業を振り返る記述をします。数分程度で書ける簡単な問いにします。「今日の授業内容で最も重要なポイントを3行で書いてください」のように学習内容に関するものや、「授業の感想を書いてください」「今日の授業でわからなかった部分を教えてください」などの問いもあります。通常は匿名で記述し、教員が回収し、次回以降の授業に活用します。
文献記録 (授業時間外)	授業時間外の学習課題を課す際に、その簡単な記録を記述してもらいます。特にまとまった量の文献を読む課題とともに活用されます。「新たに知ったことは何か」「すでに知っていたことは何か」「著者の結論とその根拠となるデータや事実は何か」「結論に対する反例はあるか」などの項目を用意すると、より深く読めるようになります。
授業要約 (授業中)	授業の最後に、授業の内容を要約してもらいます。「今日の授業の欠席者に授業内容がわかるようなまとめを作成してください」などの指示をします。書く時間に合わせて、100字、200字、500字などの条件を設定したり、100字と500字でなどの複数の条件を組み合わせると、学生は重要な点がどこかをより深く考えるようになります。
問題作成 (授業中)	授業の後や試験の前に、試験問題を予想して作成してもらいます。問題に解答例をつけてもらい、問題部分を学生間で交換して問題に取り組むよう指示することもできます。語学や数学などの記憶・理解段階の目標を多く扱う科目でよく活用されている方法です。
対話ノート (授業中・時間外)	ノートの左半分に読んだ文献の重要と思う箇所、疑問に思う箇所、理解できない箇所を記録し、ノートの右半分に各箇所について授業を通じて理解したこと、疑問に思ったことなどを記録する方法です。左半分を授業時間外の予習で使い、右半分を授業時間の最後に埋める方法が一般的です。哲学、法学、政治学、歴史学、社会学など難解な文献を扱う授業でよく用いられる方法ですが、数学、物理学、工学、経済学など計算問題を扱う分野でも応用できる方法です。

出所　Angelo and Cross (1993) pp.115-212を参考に作成

4 評価のための課題を設計する

4.1 筆記試験を行う

　筆記試験は大学での学習成果確認の方法として中心的な手法で、今日でも多くの授業で活用されています。筆記試験には、選択肢などを選ぶ短答式のものと、文章を書く論述式のものがあります。短答式は、知識の定着を評価する際に有用です。作問も容易なため、頻度を多くすることで、知識の定着を促す方法もあります。基礎科目では毎回の授業の終了時に筆記試験を行うという例も多数あります。一方で、知識の活用や応用を問う問題を作成するには熟練を要します。知識の活用や応用を問う問題は、論述式の方がよいでしょう。ただし、複雑な構造を伴う論述を求める場合は、レポートや口述などの実践型の課題も検討しましょう。

　短答式の筆記試験は採点基準を設けることが比較的容易で、複数クラスでの統一テストにも適しています。ただし、多肢選択では偶然正解となる場合もあります。また、到達目標の認知的領域でいえば、暗記するだけの知識を問うレベルの評価になりがちです。短答式試験のみで成績を評価することは、暗記した知識を復唱・再現できることが到達目標であるかのようなメッセージを学生に与える恐れがあります。

　筆記試験では実施時に、A4判1ページ程度の自ら作ったメモ（コピー不可）を持ち込んでよいとする教員もいます。学生がそのメモを作成する過程で教科書やノートを見返し、要点をまとめることを期待する働きかけです。他にも、中間試験や期末試験の前に小テストなどを行い、間違えやすい内容があればフィードバックすることが有効です。過去の試験問題を入手できるか否かによって、結果的に評価が大きく変わってしまうようなことは避けましょう。

　表15は、短答式試験の方法をまとめたものです。目的に合わせて課題を設計しましょう。

4.2 レポート課題を課す

　評価方法として筆記試験に次いで一般的なのがレポートです。レポートを学生に課す場合、まず評価基準を事前に示すようにします。レポート課題は内容や形式など複数の観点で評価するため、チェックリストやルーブリックを課題に取り組む前に提示します。

　また、評価基準とともに模範的なレポートを提示します。模範的なレ

表15　さまざまな短答式試験の方法

	長所	短所	設計のポイント
穴埋め問題	・準備と評定が簡単にできる。 ・頻繁に何度も行える。	・単語や用語の記憶レベルしか評価できない。 ・柔軟性に欠ける問題しか作れない。	・1問を30秒程度で答えるよう設計する。 ・前後の文章から答えが類推できる問いを作らない。 ・答えが定まるよう明確な用語を用いる。
正誤問題	・準備と評定が簡単にできる。 ・短時間で多くの問題を扱える。 ・間違いを訂正する問題など深い思考を評価する問題も扱える。	・判断に迷う問題を作る恐れがある。 ・重箱の隅をつつくような学習を促す恐れがある。 ・書き方や表現によっては、より優秀な学生が判断に迷い、浅い知識の学生に有利になる場合がある。	・1問を30秒程度で答えるよう設計する。 ・常に正しい・間違いと答えられる問題だけを扱う。 ・1問で一つのことを問う。 ・間違いを訂正して記述させる問題を入れることもできる。
マッチング問題	・採点が容易である。 ・高次の認知的目標を評価する問題も扱える。	・回答の選択肢を用意するのに手間がかかる。 ・理解の定着による正解と、勘による正解を判別できない。	・答えの選択肢がばらけるようにする。 ・問い・選択肢とも短文にする（頁をまたがない）。 ・問いよりも答えの数を多くする（消去法による解答を減らす）。
多肢選択問題	・採点が容易である。 ・高次の認知的目標を評価する問題も扱える。	・問題作成に時間がかかる。 ・正しい理解による解答よりも、消去法による解答を促す恐れがある。	・問い・選択肢とも簡潔に記述する。 ・選択肢は五つまでにする。 ・図表を用いた問題を用意する。 ・「上のすべてが当てはまる」のような選択肢を活用する。
短文記述問題	・問題作成が容易である。 ・高次の認知的目標を評価できる。 ・学生に個別のフィードバックを行いやすい。	・採点に時間を要する。 ・どこまでが正解かの基準を明示することが難しい場合がある。	・1問を2分から5分で解答するよう設計する。 ・図表を読み取る問題を用意する。 ・適切な解答欄を用意する（学生は狭すぎると十分に書けず、広すぎると書きすぎる傾向がある）。

出所　Nilson（2010）pp.283-293より作成

ポートの提示は、チェックリストやルーブリックでは伝達しきれない、教員がもつ多様な評価の観点を学生に伝達する優れた方法です。模範的なレポートを示すことで、同じようなレポートが提出されることを危惧する教員もいますが、どこを真似ればよいのか、どこを独自の表現にすればよいのかをルーブリックで具体的に示しておけば、そのようなことは起きません。むしろ、学生がより高い目標へ到達するための具体的な改善方法に自ら気づいて学習を進めることを促すツールになります。

　レポート課題に学生が不慣れな場合は、授業の進行中に短いレポートを書く機会を設け、フィードバックができるよう授業を設計します。すべてのレポートに対して教員がフィードバックすることが望ましいのですが、学生数が多い場合はチェックリストやルーブリックを用いて学生同士でコメントをつける活動を取り入れます。こうした活動を、授業時間外の課題とすることもできます。

4.3　グループ試験を課す

　筆記試験やレポート課題は、個人での取り組みが中心ですが、学生間での協同作業を入れ込むように設計することもできます。たとえば、筆記試験ではグループ試験を取り入れることができます（デイビス2002）。

　グループ試験とは、最終試験の際に、個人で解答した直後に学生同士で相談しながら全く同じ問題を解答する機会を設け、答案を2回提出させる方法です。学生間での教え合いを通して深く学んでもらうための技法です。

　評価の方法は、個人試験80%、グループ試験20%など、成績評価におけるウェイトを事前に決めておく方が、成績上位者と下位者の双方に対してグループ試験に参加する動機づけを高められます。グループ編成は、学生の自由に委ねても教員が指定しても同じ効果が得られますが、学生の自由に委ねるとグループを編成できない学生が出る恐れもあります。

5章

授業の進行と学習活動を設計する

1　授業の進行を決める準備

1.1　授業の前提条件を確認する

　授業の進行計画を考える前に、前提となる条件を確認しましょう。具体的には、単位数、学事暦、配当学年などです。たとえば、2単位の授業を担当する場合、全体で90時間の学習を設計することになります。これは、30時間の授業時間内の学習と60時間の授業時間外学習で構成されるからです。授業時間内よりも授業時間外の学習時間の方が多いため、授業時間外をどのように使うかの設計が重要になります。

　また、どのような学事暦の下で授業が行われるかも重要です。2単位の授業では1回が90分から120分の間である場合が多いでしょう。週に1回の授業を15週間行うのか、週に2回の授業を8週間行うのかでは、授業の進行計画が変わります。また、週に2回の場合、2時間は連続しているのか、別の日に行うのか、2回のうち両方を教員が教えるのか、一方を授業支援者に任せるのかでも進行計画は変わります。

　全体の進行計画は、これらの前提条件をふまえたうえで、授業の構造、教授法、スケジュールという三つの柱を決めることで設計していきます。

1.2　授業の型を決める

　授業の進行には、大きく二つの型があります。一つは知識や技能を身につける習得型の授業です。習得型の授業では、予習・授業・復習というサイクルを通じて基礎的内容の定着に重点を置きます。もう一つは、獲得した知識を活用して問題を探究し、その成果を発表する探究型の授業です。探究型の授業では、「問題提示、予想、実験、記録、結果の考察」や「課題設定、

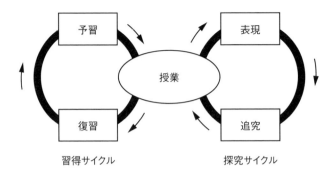

図4 習得と探究のサイクル（出所　市川 2008、p.13）

学習活動（文献レビュー、フィールドワーク）、整理・分析（議論、レポート作成）、発表・問題解決」などのプロセスで進められる授業です。習得型の授業と比較すると、知識や技能の獲得よりも知識や技能の活用が重視される授業です。

　たとえば、授業の中で分散分析に必要な検定統計量を説明し、練習問題を通じて検定に取り組む活動は習得型の授業です。一方、授業の中で実際にアンケート調査を実施し、大学生の職業観がグループの間で差があるかを、分散分析を用いて調べる活動は探究型の授業です。

　習得と探究を交互に繰り返す授業や、授業全体を二つに分けて前半を習得型、後半を探究型で設計する授業があります。習得に重点を置く授業では、授業計画の大部分を習得型で設計し、授業の終盤のみで探究型の授業を行う例も多くあります。図4のように、習得型の学習と探究型の学習を切り替える起点として授業を位置づけることができます（市川 2008）。

1.3　重要なトピックを取り出す

　授業の進行計画を作る前に、担当科目が扱う専門分野から授業で扱うトピックを決めます。たとえば、経営組織論の授業では、「組織的有効性」「組織デザイン」「動機づけ」「意思決定」「リーダーシップ」「組織文化」という六つを選ぶことが考えられます。学生の学習状況に合わせて、ここからさらに二つを削ることもできます。あるいは、物理化学基礎の授業では「熱力学第1法則」「熱力学第2法則」「化学平衡」「気体分子運動論」「理想溶液」という五つを選ぶことが考えられます。カリキュラム上この五つは削れないと考える場合は、すべての学生がこの分野に関して設定した目標に到達できるようスケジュールと教授法を工夫します。

トピックの選び方は、担当科目に関連するトピックをすべてリストアップし、その中から(1)担当教員として最も重要と考えるもの、(2)到達目標やカリキュラム上の必要性、という二つの視点で絞り込みます(デイビス2002)。重要なトピックは四つから七つの範囲で設定できると、授業計画が設計しやすくなります(フィンク2011)。

2　授業の進行を配列する

2.1　階層によって進行を配列する

　授業の進行計画をまとめるには、授業のトピックをどのような順序で並べるかを決める必要があります。トピックを並べる基本的な方法には、階層型で配列する方法とらせん型で配列する方法があります(ガニェほか2007)。

　階層型は、一つの目標の達成が別の目標達成の条件になる場合に用いられます。すなわち、やさしいものから難しいものへ、基礎から応用へと進行する授業です。たとえば、中国語入門の授業で、「基本発音を習得しピンインを発声できる」「疑問詞・疑問文・形容詞表現などの基本表現を身につける」「挨拶、ものの尋ね方と答え方、買い物で使う表現などの基本表現を身につける」という到達目標を設定したとします。この場合は、表16のような目標に対応した進行計画を作ることができます。

表16　目標ごとに単元をつくる(中国語入門の例)

	目標	授業回
トピック1	「基本発音を習得しピンインを発声できる」	第1回「声調」、第2回「基本母音」、第3回「軽声」、第4回「子音」、第5回「複母音」
トピック2	「疑問詞・疑問文・形容詞表現などの基本表現を身につける」	第6回「人称代名詞」、第7回「疑問文と否定文」、第8回「ものの代名詞」、第9回「副詞1」、第10回「副詞2」、第11回「動詞+目的語」
トピック3	「挨拶、ものの尋ね方と答え方、買い物で使う表現などの基本表現を身につける」	第12回「いろいろな挨拶」、第13回「買い物をする」、第14回「食事をする」、第15回「映画の中の表現」

表17 らせん型で単元をつくる（教育工学実習の例）

トピック	目標1「情報化が学校にもたらす問題とその原因を説明できる」	目標2「問題への対処方法を技術的な面から説明できる」	目標3「問題への対処方法を心理的な面から説明できる」
セキュリティ	第1回 第2回	第1回	第3回
コミュニケーション	第4回	第4回 第5回	第6回 第7回
法と倫理	第8回	第8回 第9回	第10回

2.2 らせん型によって進行を配列する

　選んだトピックが、複数の到達目標と関係する授業もあります。たとえば、教育工学実習の授業で、「情報化が学校にもたらす問題とその原因を説明できる」「問題への対処方法を技術的な面から説明できる」「問題への対処方法を心理的な面から説明できる」という到達目標を設定したとします。この目標に対して、重要なトピックとして「セキュリティ」「コミュニケーション」「法と倫理」を選んだ場合は、表17のようにらせん型で進行を配列することができます。表17では、セキュリティのトピックを学ぶことは、三つの目標すべてに関係しており、一つのトピックを3回の授業に分けて扱う設計になっています。

　一方で、先と同様の中国語入門の授業も、らせん型で配列することができます。言語の学習では、語彙、文法、発音、会話など異なるスキルの獲得が目標に含まれます。これらのスキルを相互に使いながら、次第に複雑で高度な内容を学ぶ配列にすることもできます。たとえば、授業全体を留学中に直面する課題である「履修登録を行う」「図書館で必要な文献を探す」「授業で教員に質問する」という三つのトピックに分けます。それぞれに必要な語彙・文法・発音・会話を学び、次第に抽象度の高い語彙や会話を扱う内容へ進む進行計画にすることができます。このようならせん型の配列は、一度学んだ内容が授業中に何度も登場し、練習の頻度が多くできる点が長所です。基礎教育や言語教育などで効果的と考えられています。

2.3 授業時間外の学習を取り入れる

　学習活動の順序を決める際は、授業時間内の活動と授業時間外の活動の

連続性に配慮して決めます。授業の目標を1回分の授業に対応するように分解できる場合は、学習活動の順序を容易に決めることができます。表18は、微分積分の授業で扱う五つの目標を、1回の授業に分割して学習活動の順序として配列した例です。

探究型の授業では、一つのトピックの学習に十分な時間が必要です。そこで、探究型の授業では、知識の獲得、知識を活用する経験、省察の三つの順序を基本として学習活動を配列します。表19は、探究型の授業で三つの順序に対応する学生の活動をまとめたものです。

表18　習得型授業の学習活動の順序例

学生の到達目標	【1】関数の連続性、微分可能性を理解し、具体的な関数について確認できる。 【2】関数の性質を理解し、基本的関数の微分を確実に計算することができる。 【3】ロピタルの定理、テイラーの定理、マクローリンの定理などを理解し、それらを具体的な関数に適用することができる。 【4】基本的関数の積分の計算を確実に行うことができる。 【5】初等的な微分方程式を解くことができる。	
学習活動の順序	教室内	教室外
	(1) 1変数関数の連続性を理解し、具体的な関数で確かめることができる【1】 (2) 与えられた1変数関数の1階微分、高階微分を求めることができる【2】 (3) 具体的な1変数関数の、指定された極限を求めることができる【3】 (4) テイラーの定理について理解し、近似値や誤差評価を求めることができる【3】 (5) テイラー展開について理解し、具体的な関数の展開を求めることができる【3】 (6) 基本的な積分公式や置換積分・部分積分を用いて、積分を計算することができる【4】 (7) 部分分数分解について理解し、分数式の積分を計算することができる【4】 (8) 分数式の積分にもちこめる三角関数の分数式や無理式の積分を計算することができる【4】 (9) 広義積分について理解し、計算することができる【4】 (10) 簡単な微分方程式を解くことができる【5】 (11) 区分求積法について理解し、極限計算に応用することができる【4】	(1) 教科書第1章の章末問題に取り組む (2) 教科書2.1から2.4の練習問題に取り組む (3) 教科書3.1から3.6の練習問題に取り組む (4) テイラーの定理とマクローリンの定理の関係を要約する (5) 教科書第4章の章末問題に取り組む (6) 教科書5.1を読んで、高校の復習をする (7) 部分分数分解の有用性を要約する (8) 教科書6.1から6.6の練習問題に取り組む (9) 無理関数の積分において置換積分がなぜ有効かを要約する (10) 教科書7章の章末問題に取り組む (11) 教科書第8章の章末問題に取り組む

表19 探究型授業で学生が取り組む活動

	知識の獲得	知識を活用する経験		省察
		行動する	観察する	
直接的	1次データや 1次情報源	現実の状況で 実際に行動する。	現象を 直接観察する。	授業での討論、 期末レポート、 学習過程の記録。
間接的・ 代理的	講義・教科書 2次データや 2次情報源	ケーススタディ、 ロールプレイング、 シミュレーション。	文章・画像・映像による事例観察。	

出所　フィンク(2011)p.125を参考に作成

表20 探究型授業の活動順序の例

	準備		活用				評価
授業時間内		全体講義 事前指導		測量 実習		測量 実習	データ処理、 グループ省察
授業時間外	文献 講読		準備 学習		実習 記録		実習 記録

出所　フィンク(2011)p.154を参考に作成

　たとえば、学内で測量を行う、土壌のサンプルを採取する、演習林を観察する、学校で子供たちを指導する、議会や裁判を傍聴するなどの経験を授業の中で行う場合、数回の授業を一つの塊にして設計します。表20は、一つのトピックを、4回の授業で学習する例です。情報と考えを得る活動には1回分の講義と授業時間外の学習を充て、直接的な行動と省察のために3回分の授業を充てています。

> **事例**　金城学院大学薬学部では、1年次に「薬学PBL」、1～3年次に「薬学セミナー」、4年次に「CBL (case-based learning)」などの科目群が配置されています。そこでは、具体的な疑問や課題、症例を基にした少人数・問題発見解決型教育 (いわゆるPBLチュートリアル教育) が用いられています。この事例では4回の授業と授業時間外の学習で一つのトピックを学ぶ探究型授業になっています。具体的な2週間の授業は、以下のような流れになっています。
>
> 【1回目 (テーマ設定)】司会グループの1年生が2年生の協力を得ながら

司会を担当し、興味あるテーマについて意見交換しながら、テーマと調査内容・方法を決める。この過程で疑問点を明らかにし、調査内容を煮詰める。さらに、調査事項をグループで文献やインターネットを使いながら調査する。
【2回目（調査・レジュメ作成）】1年生全員がPC教室に集まり、PCや書籍を使って調査、レジュメ作成を行う。
【3回目（グループ内発表）】二つの調査・発表グループが発表し、質疑応答を行う。発表後、2年生および教員からアドバイスを受ける。その後、発表および司会に関する評価シートと振り返りを提出する。
【4回目（全体報告会）】1年生全員がPC教室に集まり、各々の司会グループがグループ内発表の内容を報告する。教員が総括し、振り返りシートを記入する。

2.4 目標に合った教授法を選ぶ

学習活動は、到達目標や評価方法と整合していることが重要です。授業に取り入れられる教授法にはさまざまなものがありますが、学習目標に合った教授法を知っておくことは、授業の進行計画を決めたり学習活動を配列したりするうえで有益です。表21は、ブルームの学習目標分類に対して、どのような技法が適しているのかをまとめたものです（中井 2015）。ただし、議論や書く活動、グループ活動は、教員がどのような問いを出すか、どのような課題を与えるかが重要です。この表は、各技法が目標到達を保証することを意味するものではありません。逆に、印がない部分でも、問いや課題によってより高次の目標到達につながる場合もあります。

3 授業の実施計画を決める

3.1 実施計画を示す意義

授業の実施スケジュールを示す目的は、教員が期待する学習量を学生にわかりやすく伝達する点にあります（Davis 2009）。授業の実施計画が示されていると、学生はどの日に多くの学習量が求められる課題があるか、毎回の授業ではどの程度の準備学習が求められるのかを理解できます。そのため、授業の実施計画は、日付と学習計画を一覧にした表として作成する

表21 認知的領域の目標に合う教授法

	知識	理解	応用	分析	統合	評価
講義	○					
双方向型の講義	○	○				
ディスカッション		○				
書く・話す		○	○	○	○	○
各種評価技法		○	○			○
協同学習		○				
ピア評価		○		○		○
実験		○	○			
ケースメソッド			○	○	○	○
探究型学習	○		○	○	○	○
問題基盤型学習	○		○	○	○	○
プロジェクト学習	○	○	○	○	○	○
ロールプレイ・シミュレーション		○	○	○		
サービスラーニング			○	○	○	○
フィールドワーク	○		○	○		○

出所　中井（2015）p.34より引用

とよいでしょう。表で示すと、課題の締め切り日など重要な日付を誤解なく伝えることもできます。

　授業の実施計画は、授業中の学習活動を示すとともに、授業時間外の学習活動を示すためのものです。近年では多くの大学が、授業時間外の学習内容を明示する様式のシラバスを採用しています。特に、アクティブラーニングを取り入れる際には、準備学習とセットで設計することが重要です。表22のように、スケジュールの表には、授業時間外に行う準備作業や課題内容なども明示しておきます。

3.2 実施計画を決める際の一般的な留意点

　授業全体の大まかな配列と教授法を決めたら、それらを授業の実施計画としてまとめます。実施計画は、大学が定めた授業時間、単位制度、学事暦などに合わせて作成します。そのため、一般には次のような点に配慮して

表22　授業の実施計画のためのスケジュール表

回(日付)	テーマ・キーワード	学習活動	重要な締め切り	時間外の学習課題

決めることになります(Walvoord and Anderson 2010)。

- **現実的な学習量**:学生に課す学習課題を授業時間内・授業時間外の両方について一覧にし、学生が取り組み可能な学習量かを確認します。高いレベルへの到達のためには多くの学習課題が必要ですが、学習量が増えると教員の評価・フィードバックの時間数も増え、現実的でなくなります。
- **振り返り時間の確保**:複数の学習課題の間に、十分な振り返りの時間を確保します。
- **学事暦の確認**:祝日や学園祭、体育系団体の大会など、学生の学習活動に大きな影響を与える学内外の行事を確認します。たとえば、映像資料を見る授業の次の回に映像に関する議論を行う場合、間に祝日を挟んで2週間後になるスケジュールは適切ではありません。
- **ゆとりのある計画**:アクティブラーニングを取り入れる際は、予想以上に時間がかかる場合を考慮します。授業の計画にゆとりを用意しておきましょう。
- **1回の授業時間の確認**:時間的な制約に配慮します。1週間に1回授業があり、1回に180分(2時限連続)の授業を行う場合と、1週間に3回授業があり、1回を50分で行う授業とでは、当然実施計画の内容が異なります。

3.3　スケジュールを作成する

スケジュールを作成する際は、日付と学習活動を一覧にした表を用意して作成するとよいでしょう。一般に、スケジュールを作成する際は、次のよ

うな手順で進めるとよいでしょう（フィンク 2011）。

- どのように授業を終えるか？：はじめに、授業の終わりのスケジュールを作成します。授業の終わりは、設定した到達目標を確認する段階です。具体的には、最終回の内容、または、最終回とその前の回の2回の学習活動を決めます。最終回に、筆記や実技などの試験を行うのか、最終回の前の回に試験や発表を行い、最終回は振り返りや今後の学習に関する指導に充てるのかを決めます。最終回以外に、中間試験や中間レポートなどの重要な日付があれば同時に決めておきます。
- どのように授業を始めるか？：次に、初回の授業、または、初回と2回目の授業の内容を考えます。初回の授業は、学生と到達目標を確認し、目標へ向かう動機づけを行う重要な機会です。授業の序盤で、学習への自信や興味がもてると、授業期間を通じた動機づけの維持につながります。
- 授業の中盤をどう構成するか？：授業の終わりと始めを確認したら、設定したトピックと教授法に従って残りの中盤部分を配列します。

　一方で、授業のスケジュールは、後から変更できる余地を残して決めるようにします。たとえば、中間試験の後には予定外の補習授業が必要になるかもしれません。プロジェクトやフィールドワークを行う授業では、思うように進まなかった場合に追加の時間が取れるように、1回分の予備日を設けておくとよいでしょう。そうした授業日には、飛ばしてもよい内容を用意しておき、授業の進行に合わせて予定通り行うか取り止めるかを後で決められるようにしておきます。

6章

シラバスを作成する

1 シラバスに求められる役割

1.1 シラバスの定義を理解する

　日本でシラバスと呼ぶ場合、2種類のシラバスがあります。一つは大学が用意する様式に沿って作成し、学生が授業選択に使用するシラバスです。もう一つは、初回の授業で学生に渡す初回配付用シラバスです。前者は、かつて授業要覧と呼ばれた学生の授業選択用冊子が、充実を図る中で現在の形に発展してきたものです。

　国外では、初回配付用シラバスはほとんど公開されていません。初回配付用シラバスには授業内容や成績評価基準に加え、毎回の授業の事前課題、重要な課題の締め切り、参考文献リスト、レポート採点のルーブリック、模範試験問題、過去の受講生の優秀なレポートや作品など、学習に必要な情報をまとめてあります。全体で10頁から20頁のものが多く、学生の学習支援のために作成されています。

　日本では、公開用の授業要覧に初回配付用シラバスの機能を付加する形で発展してきました。たとえば、シラバスについては2008年に中央教育審議会から出された答申の中にある用語解説で、次のように説明されています。

　各授業科目の詳細な授業計画。一般に、大学の授業名、担当教員名、講義目的、各回ごとの授業内容、成績評価方法・基準、準備学習等についての具体的な指示、教科書・参考文献、履修条件等が記されており、学生が各授業科目の準備学習などを進めるための基本となるもの。また、学生が講義の履修を決める際の資料になるとともに、教員相互の授業内容の調

整、学生による授業評価等にも使われる。

ここでは、初回配付用のシラバスを作成するために必要な内容を説明していきます。その中から必要な項目を抜粋することで、日本で一般的な公開用シラバスを作成することは十分に可能です。

1.2　シラバスの役割を理解する

一般に、シラバスを用意する意義としては、次のようなものがあげられます (Davis 2009)。

・教員が学生に期待する成果と教員の授業に対する熱意を効果的に伝達できる。
・教員と学生の双方が学習に真剣に取り組むという、良好な授業の雰囲気をつくることができる。
・成績評価の詳しい情報を得ることができ、初回の授業で学生の不安がなくなる。
・学生が自分の学習を自己評価し、目標に近づいていることを確認しやすくする。
・学生の主体的な学習習慣の形成を促すことができる。
・授業の目的、成績評価の方法、課題の内容など授業の重要な要素について、学生が深く理解して取り組めるようになる。
・同僚教員に授業について相談する際に、有益なフィードバックが得られる。

そのため、学生にはシラバスをよく読んでもらう必要があります。初回の授業では、学生がシラバスを読む機会を設け、内容を確認する簡単な活動を用意できるとよいでしょう (Nilson 2010)。

たとえば、学生にシラバスを配付した後に全体に目を通してもらい、数人の学生のグループで話し合いをしてもらいます。話し合う内容の指示としては「お互いに疑問点を出し合い、シラバスを読んで答えてください。どうしても答えられない質問は、教員に伝えてください。」「他の授業と比較してこの授業はあなたにとって難しそうですか、易しそうですか？　その理由を話し合ってください。」などがあります。

シラバスを読むための活動は、授業の進行中にも取り入れられます。毎

回の授業終了時に、授業時間外の課題を確認したり、重要な締め切りが近づいてきたら取り組み方を確認するようにします。

1.3　学習を促すためのシラバス

　学生がシラバスを見る際に、最初に読む部分は成績評価に関する部分のようです（Davis 2009）。そこで、学生にとって最も関心のある部分の記述を明確にすることで、学生とのトラブルを避けるとともに、学習効果を高めることができます。「どのような課題がいつあるか」「成績評価はどのように決まるのか」「単位認定されるための前提条件は何か」などが事前にわかっていれば、それらを見通して事前に学習を進めることができます。同時に、教員も課題の内容や日程に合わせて学生へのフィードバックを行うことが求められます。

　副次的な効果として、シラバスは、授業の雰囲気や教員の人柄を伝えるツールにもなります。シラバスに示された授業の進め方や毎回の課題が、詳細に書かれていると、学生は教員の意図に加えて授業の雰囲気や授業に対する教員の熱意なども読み取ります。学生が授業の雰囲気を肯定的に捉えると、学生の学習意欲や受講態度にも大きな影響を及ぼすことができます。

1.4　シラバスの記載項目

　シラバスを学生の学習ガイドとなるよう作成する際には、表23のようなチェックリストを使うと便利です。チェックリストは、これらの情報をすべて記載しなければならないというものではありません。しかし、初めて準備する際には、どのようなことを書くべきかを確認する網羅的なリストとして活用できます。

　初回配付用シラバスと、大学が用意する様式の公開用シラバスが異なる点は、二つあります。一つは、課題に関する情報です。初回配付用シラバスには、公開用に比べて多くの情報が盛り込まれます。たとえば、レポート課題を課す授業は多くありますが、レポートの意味が十分に理解できない学生が多くいます。特に新入生は、レポート課題への戸惑いがあります。これは、公開用シラバスには評価欄に、「レポート30%」といった情報しか記載されていないことに原因があります。初回配付用シラバスには、レポートの執筆要領、必要な準備学習、自己点検のためのチェックリスト・ルーブリックを示しましょう。過去の授業での模範レ

表23　初回配付用シラバス作成のためのチェックリスト

基本情報	☐ 大学名、開講学期、配当年次 ☐ 科目名、科目番号、単位数 ☐ 教員氏名、TA氏名 ☐ 教員・TAへの連絡方法(研究室の場所、電話番号、メールアドレス、電話・メールのうち教員に都合の良い連絡方法、対面オフィスアワーの場所・時間、オンラインオフィスアワーの時間・アクセス方法など) ☐ 教員に関係するウェブサイト ☐ 授業に関するウェブサイト ☐ 授業参加者のためのメーリングリスト情報 ☐ 教員の自己紹介(研究内容、授業内容と研究内容の関係など) ☐ 教員の教育に対する考え方(ティーチング・フィロソフィー)
授業概要	☐ 履修要件(前提科目、前提知識、履修要件を満たさない場合の事前相談方法) ☐ 授業に必要な道具類の説明(ノートPC、ソフトウェア、LMSなど) ☐ 授業の概要(授業の目的・存在意義、主な学習内容とカリキュラムでのそれらの位置づけ、受講を想定する学生像、この授業を学ぶ必要性) ☐ 学生の到達目標 ☐ 授業で用いる教育方法(講義、議論、グループ活動、フィールドワーク、実験など) ☐ 標準的な学習時間量(文献購読に要する時間、課題やプロジェクトに要する時間)
教材	☐ 教科書・必須文献の情報(書誌情報、価格、図書館蔵書番号など) ☐ 論文リスト・参考文献リスト ☐ 参考ウェブサイトやデータベースへのリンク ☐ 必要な学習道具の一覧(実験・実習・実技に必要な道具の一覧、ソフトウェアの入手方法など)
課題	☐ 試験・小テストに関する情報(頻度、内容、選択式・記述式などの問題形式、持ち込み可能などの解答条件、日付・場所・実施時間などの情報) ☐ レポート課題・プロジェクト課題に関する情報(課題内容・様式・期限・分量などの提出要件、課題の評価基準、印刷物やオンラインなどの提出方法)
評価の方針	☐ 評価の方法の説明(相対・絶対の別、各課題の評価配分、期限を過ぎた提出への対応方針、成績に不服がある場合の問い合わせ方法) ☐ 出席の取り扱い方法 ☐ 授業への参加の評価方法 ☐ 試験を欠席した場合・課題を提出しなかった場合の対応方法 ☐ 不正行為への対応方法 ☐ 過去の授業の成績分布
授業計画	☐ 毎回の授業日・内容・事前課題など ☐ 試験の実施日や重要な課題の締め切り日 ☐ フィールドワーク、実習、実演、展示など特別な授業日 ☐ 履修取り下げ申請の期限となる日 ☐ 授業全体の見取り図(グラフィックシラバス)

資料	☐ 初回の授業のための導入教材 ☐ 学習アドバイス（文献の読み方、時間管理の仕方、この授業でのノートの取り方、試験勉強の方法など） ☐ 過去の試験問題、過去の優秀レポートの例 ☐ 授業中に扱う専門用語の解説集、公式集など ☐ レポートの書き方などの学習資源へのリンク集 ☐ 過去の授業のプロジェクトの様子を表す写真など ☐ 学内の学習サポートサービスの紹介 ☐ 授業に関連するテレビ番組や映画の紹介
特別な対応	☐ 心身に障害をもつ学生への対応方針（代替課題や代替活動の内容など） ☐ 社会人学生や勤労学生などへの対応方針（遅刻や欠席の代替学習など） ☐ クラブ活動の大会やコンクールなどによる欠席への対応方針
授業評価	☐ 授業評価の実施方針・実施方法 ☐ 過去の授業の授業評価の結果と教員の対応
学生との約束	☐ 教員・学生双方に学問の自由を保障し尊重する宣言 ☐ 大学が定めたルールを遵守する宣言 ☐ 著作権の保護や学術ルールを遵守する宣言
安全確保	☐ 実験科目などの場合、緊急時の手続き ☐ 実習科目などの場合、天災などの場合の対応行動
シラバスの変更	☐ シラバスの内容を変更する際の手続きの説明

出所　Davis（2009）pp.28-31を参考に作成

ポートがあれば合わせて示します。また、すべての学生が共通で参照する必読文献があれば、それも合わせて示します。この授業で求めるレポートがどのようなものかを、学生が具体的に理解できるように支援します。

　もう一つの異なる点は、学習のための資料です。初回配付用シラバスには、多くの資料が含まれています。たとえば、試験を行う授業では、想定問題集や過去の問題を添付します。また、実験や実習を行う授業では、必要な用具や器具の取り扱い方法などを添付します。フィールドワークなどを行う授業では、持ち物のチェックリストやインタビュー調査の準備をするためのチェックリストを添付します。公開用シラバスは字数や枚数が限られていたり、添付資料をつけることができないことが多いのです。

　こうした詳細な情報が掲載された初回配付用シラバスは、学生の学習支援に有効であることに加え、学生のシラバスに対する信頼を高め、授業の雰囲気を良好なものにします。

2 授業の目的と到達目標を記述する

2.1 授業の目的を記述する

　シラバスでは、授業の目的と学生の到達目標を分けている様式が多いでしょう。授業の目的は、当該授業が開講される理由や存在意義、ディプロマポリシーと当該授業との関連を説明する項目です。学生の到達目標が「どこまで」到達するかを示すのに対し、授業の目的は「なぜ」この科目の学習が必要かを示すものです。

　たとえば、工学部の初年次に配当された「微分・積分」の授業では、具体的な目標として「テイラー展開について理解し、具体的な関数の展開を求めることができる」「部分分数分解について理解し、分数式の積分を計算することができる」などの目標が設定されます。しかし、これらの目標は、その後の学習で必要な技能を身につけ、専門的な内容の理解を助けるために学ぶものです。そこで、シラバスでは次のような授業の目的を示すことになります。

　　工学部で学ぶ学生にとって微分積分と線形代数は、科学・技術を学ぶために必要不可欠かつ最も基本的な世界共通の「言語」です。この講義は、微分積分の分野の「言語」を積み上げ式にしっかり学び、この「言語」で表現された本質的内容を理解し、言葉や文章として使えるようこの「言語」を身につけることが目的です。

2.2 到達目標を行動目標で記述する

　到達目標を書くうえで大切なのは、学生が到達目標を読んで、授業終了後に学生自身が到達している状況をイメージできることです。到達目標が行動目標で記述されていれば、学生は求められている到達水準を具体的に理解できます。先に、到達目標は認知的領域、精神運動的領域、情意的領域の三つの領域があることを確認しました。それぞれの領域における行動目標を表すうえで、下記のようによく用いられる動詞があります（沖・田中 2006）。

知識（認知的領域）:

列挙する	述べる	具体的に述べる	記述する	説明する
構成する	命名する	再構成する	計画する	見つける

分類する	比較する	一般化する	類別する	区分する
区別する	指摘する	関係づける	判断する	予測する
選択する	同定する	測定する	分析する	配列する
系統化する	正当化する	合成する	分離する	計算する
質問する	帰納する	検証する	結合する	決定する
対応する	対照する	選別する	適合する	概括する
要約する	解釈する	描写する	叙述する	推論する
対比する	公式化する	使用する	識別する	応用する
適用する	演繹する	結論する	批判する	評価する
指示する	収集する	賛同する	発表する	報告する
暗唱する	再生する	判定する	確認する	求める
定式化する	証明する	仮説を立てる		

技能（精神運動的領域）：

感じる	始める	模倣する	工夫する	動かす
実施する	創造する	操作する	調べる	準備する
準備する	測定する	混ぜる	配合する	調整する
走る	跳ぶ	投げる	反復する	打つ
止める	入れる	防ぐ	かわす	持ちあげる
引く	押す	倒す	削る	つなぐ
組み立てる	書く	描く	運転する	修理する

態度・習慣（情意的領域）：

尋ねる	助ける	討議する	寄与する	始める
協調する	見せる	表現する	感じる	協力する
参加する	反応する	応える	系統立てる	受容する
配慮する	相談する	示す		

　また、目標設定の際に使われやすい「理解する」という動詞は、行動で観察しにくいため、別の行動目標で置き換えるようにします。表24は、ブルームの目標水準に沿って分類した行動目標の例をまとめたものです。また、医学、看護学、工学分野でよく用いるものは、第4部にまとめてあります。

2.3　到達目標を点検する

　設定した到達目標を学生が理解できない、理解できたとしても評価基準がはっきりしない、到達目標のハードルが高すぎるなどの問題があると学

表24 認知的領域の目標水準に応じた行動目標の例

評価	判断する　評価する　批判する　正当化する　判定する　結論づける 識別する　支援する　価値づける　評定をつける
統合	創造する　仮説を立てる　組み立てる　開発する　計画する　設置する 構成する　定式化する　モデル化する　再構築する　再定義する
分析	分析する　分類する　比較する　分別する　修正する　生産する 予測する　特徴づける
応用	用いる　計算する　解く　適用する　援用する　描写する　操作する 実践する　関連づける　提示する　解釈する　実演する
理解	説明する　要約する　言い換える　図示する　分類する　反論する 推論する　同定する
知識	思い出す　列挙する　並べる　述べる　対応させる　選ぶ

出所　Anderson et al.(2013)を参考に作成

習の見通しが立ちません。到達目標が適切かを判断する際、広く使われているのがSMARTやRUMBAというチェックリストです（表25）。

たとえば、「微分積分について学びます」という目標は、SMARTチェックリストに照らすと、具体性、測定可能性、達成可能性の面で問題があると言えます。そこで、この3点に留意して具体的な到達目標に書き直します。たとえば、次のように書き換えることができます。

1. 微分可能性について、具体的な関数で確認できる。
2. 基本的関数の微分を確実に計算することができる。
3. テイラーの定理の意味を理解し、それらを具体的な関数に適用することができる。

表25 到達目標を点検する視点

SMARTチェックリスト		RUMBAチェックリスト	
S (Specific)	具体的である	R (Real)	現実的である
M (Measurable)	測定可能である	U (Understandable)	理解可能である
A (Achievable)	達成可能である	M (Measurable)	測定可能である
R (Relevant)	関連性があり、妥当である	B (Behavioral)	行動可能である
T (Time-bound)	達成される期限が明白である	A (Achievable)	達成可能である

出所　Barnett(1999)、Bovend'Eerdt et al.(2009)を参考に作成

3 成績評価の方法と基準を記述する

3.1 評価の方法と基準を示す

　シラバスでは、成績評価の方法と基準の二つを示しましょう。評価の方法は、試験やレポート課題などの到達度を測定したり確認したりする方法を示します。評価の方法は、到達目標に合わせて選択します。たとえば、知識の定着を確認するには筆記試験を行う、思考力や判断力を測るにはレポート課題を課す、意欲や関心を確認するには授業中の行動を観察するなどの方法があります。

　複数の評価方法を設定した場合は、それぞれの方法が全体の成績評価をどのように決めるかも説明します。この方法には、次の二つの方法があります (Walvoord and Anderson 2010)。

1 ｜ 各評価方法の重みづけを示す方法

　たとえば、「レポートの合計点 (30点×3回 = 90点満点) を40%、期末テストの点数 (100点満点) を40%、ラーニングポートフォリオの評価 (評価基準はルーブリックを参照) を20%として評価する」という書き方で示します。この方法は、異なる評価がそれぞれ重要であることを伝えることができる点が長所です。また、教員がそれぞれの評価方法を自由に設計できる点も長所です。ただし、「筆記試験 (70%)、期末レポート (30%)」という配分は、学生に「期末レポートは重要でない」というメッセージを与える場合があります。

2 ｜ 素点を積み上げる方法

　たとえば、「中間試験 (40点満点)、中間レポート (20点満点)、期末試験 (30点満点)、授業中の質問 (10点満点)」という書き方で示します。この方法は、学生にとって成績評価の計算方法がわかりやすい点が長所です。教員は、この素点に合うようにそれぞれの評価方法を設計しなければなりません。

3.2 合格の基準を学生に伝える

　成績評価の記述において、多くの学生が感じる問題の一つに、合格 (単位認定) の基準がわからないというものがあります。評価の方法とともに全体に占める割合や点数を示し、大学が定める成績評価基準と対応させることで理解しやすくなります。多くの大学で、表26のような成績評価基準を

表26　大学が定める成績評価基準の例

A+（90点以上）	水準をはるかに超えて優れている
A（80点以上～90点未満）	目標水準を超えて優れている
B（70点以上～80点未満）	基本的な目標水準を超えて達成している
C（60点以上～70点未満）	基本的な目標水準を達成している
F（60点未満・不合格）	基本的な目標を達成していないので再履修が必要である

表27　相対評価基準の例

A+	上位10%
A	A+に次ぐ20%
B	Aに次ぐ30%
C	Bに次ぐ20%
D	Cに次ぐ10%
F（不合格）	下位10%

定めています。

　上の例では、60点が合格の基準になっており、到達を確認するための課題も60点を基準として準備することになります。たとえば、筆記試験の場合、60点の水準は教科書の確認問題が解けるレベル、80点の水準は教科書の発展問題が解けるレベルといった具合です。到達目標が高次の認知的領域の目標の場合は、「初回の授業でルーブリックを配付する」などの記述を加えておきます。

　国外の大学では、上級科目の履修要件として「前提となる科目をC以上で合格していること」という条件を課しているカリキュラムが多数見られます。到達目標の水準を設定する際は、すべての学生がCを達成することを基準として、目標や評価課題を設計するとよいでしょう。多くの大学がGPA（Grade Point Average）制度を導入しており、成績評価が奨学金の受給基準、成績不振者の判定基準、国外留学の成績証明書などに活用されています。優秀な成績を修めることが過度に難しくなったり易しくなったりしないよう、カリキュラムの位置づけに照らして妥当な合格基準を設定しましょう。

大学やカリキュラム上の方針で相対評価が求められる場合は、素点の算出方法を示したうえで、大学が定める相対評価基準に従うことをシラバスに記述しておきます。

3.3　合格の基準に合わせた課題をつくる

　成績評価の信頼性や国際通用性の観点から、すべての学生がA+となるような成績評価は避けるようにします。多くの大学教員は絶対評価を支持していますが、欧州では表27のような相対評価が主流です（小野2000）。

　授業の課題は、標準的な学生が授業に参加して学習に取り組めばCの成績となるように作成します。筆記試験であれば65点程度、レポート課題であれば文献の不足や形式や論述にわずかな間違いがあるものの、重要な要件を満たしたものにあたります。そこに、発展的な内容やより質の高い要件を加え、BやAの成績となるための問題や課題を追加します。筆記試験であれば応用問題、レポート課題であれば文献の追加や形式のミスの少なさを要件に加えます。最後に、最大限の努力を要し、発展的な内容の理解まで求める水準の課題を追加します。A+は想定を超えて優秀という意味ではなく、教員が想定する範囲内において標準的な水準をはるかに超える水準の課題に取り組めたものとして設定します。

3.4　ボーナスとペナルティを設定する

　学生によっては、さまざまな理由で指定された課題を放棄する学生がいます。たとえば、レポートの提出に間に合わずに断念したり、試験やプレゼンテーションを欠席したりするケースです。これらを未提出として評価対象から外すことは簡単です。しかし、ペナルティをつけて課題を提出してもらうことで、学生の学習を促進することができます。

　たとえば、設定した期限後にレポートを提出する場合、1日遅れるごとに2点ずつ素点が減点されるペナルティを設定します。また、中間試験を事情により欠席した場合は、満点が本試験の8割になる再試験を個別に設定します。

　また、追加的な課題によって断念した課題を埋め合わせる方法を示すこともできます。たとえば、レポート課題が未提出の学生や試験を欠席した学生に対して、指定した文献の書評を作成するボーナス課題を設定し、提出された場合に成績評価に加点します。

3.5　学習プロセスを評価する

　成績評価の際に、最終回での成果を評価するだけでなく、学習プロセスも評価に含めることができます。学習プロセスの評価は、学生の学習意欲を高めるうえで効果的です。たとえば、授業中に作成したノートやワークシートの内容、ディスカッションの際に自主的に発言した回数や内容、観察や参観の感想、レポート課題の草稿を含めることができます。発言の回数を到達目標に含めることは適切でないものの、望ましい学習習慣を身につける過程と位置づけて評価に加味することができます。

　学習プロセスを評価に加える際は、主要な評価方法として位置づけるよりも、ボーナス加点として位置づけるほうがよいでしょう。

4　授業計画を示す

4.1　学習支援を目的とする

　授業計画は、単に授業のスケジュールを示すものではなく、学生が授業に備える支援として示すものです。通常、学生は同一学期中に複数の授業を並行して受講しており、複数の授業計画を参照して課題などの準備の計画を立てます。そのため、授業計画を示す際には、次のような点を明示するようにします (Davis 2009)。

- 重要な活動のある回や、課題の提出期限のある回がわかるように示します。特に、学外でのフィールドワークなど欠席がその後の活動に大きく影響する回がどこかをわかるように示します。
- 授業内容を予告する問いやキーワードを示します。「個人の自由と公共の利益の両立点はどこか」「遺伝子組み換え食品はなぜ嫌われるのか」などの毎回の授業の中心的な問いと、それらを考えるための参考文献を示すと、学生の準備学習を促すことができます。
- スケジュールでは、毎回が独立した内容なのか、または、いくつかの単元に分けられるかがわかるように示します。単元の最初の回や最後の回の欠席が望ましくない場合は、その旨を明示します。

4.2　授業時間外の学習活動を示す

　多くの大学で、シラバスに示す授業計画には、授業時間外学習を明示す

ることが求められています。そのため、毎回のスケジュール欄に授業時間内の学習活動とは別に授業時間外の学習活動を記載する様式を用意する大学も多くあります。日本の大学生の学習時間の短さが問題として指摘され、単位の実質化が求められるようになったことが背景にあります。

　授業時間外の学習活動を設定した場合は、授業時間内に時間外の学習を活用する活動を行うようにします。授業時間外と授業時間内の学習活動を連動させる例に、次のようなものがあります。

- 授業時間外に基礎的内容の学習を指示し、授業開始直後に確認テストを行う。
- 授業時間外にテーマに関連する新聞・雑誌記事を収集させ、授業中に内容を解説する発表を行う。
- 授業時間外にレポートを提出するよう指示し、授業中に教員がコメントする。
- 授業時間外に教科書の内容を要約した資料を提出させ、学生が作成した資料を用いて授業を行う。

4.3　さまざまな授業計画の記述方法を参照する

　授業計画を示すことで学生の学習を促すには、さまざまな工夫が必要です。ここでは二つの例を示します。いずれも、到達目標との対応を重視している点が特徴です。

　表28は、授業時間外の学習時間を示す様式の例です。この様式は、授業の運営方法と授業時間外の学習課題を毎回記述する点が特徴です。授業の運営方法には、講義、グループ討論、映像資料の視聴、学外講師による講義、発表などが含まれ、各回の授業でどのような方法を採用するかを示しておきます。授業時間外の学習は、予習と復習を別に示し、それぞれの標準的な

表28　授業時間外の標準的な学習時間を示す例

回数・日付	学習内容	授業の運営方法	学習課題（予習・復習）	時間（分）

学習時間を合わせて示します。学習時間は全体で180分程度になるよう、複数の授業時間外学習を設定します。

4.4　学習プロセスを図式化する

　シラバスでは、重要な情報を図・表・写真を用いて示すと、学生の理解が高まります。レポート課題を評価するルーブリックは、その代表的なものです。他にも授業の目的、毎回の授業の到達目標、授業の進行計画を一つの図にまとめて示すことができると、授業の全体像をより理解できるでしょう。これは「グラフィックシラバス」や「アウトカムマップ」とも呼ばれます(Nilson 2007)。

　グラフィックシラバスにはさまざまなものがありますが、ある回に学習する内容が、授業全体の目標に対してどのような位置にあり、今後の学習とどのように関連しているかの理解を促すように作成するという点が重要です。図5は、オペレーションズリサーチという授業の学習プロセスを図式化したものです。同じ授業の実施計画をまとめた表29と比較すると、学習の構造がよりよく理解できることがわかるでしょう。

6章　シラバスを作成する

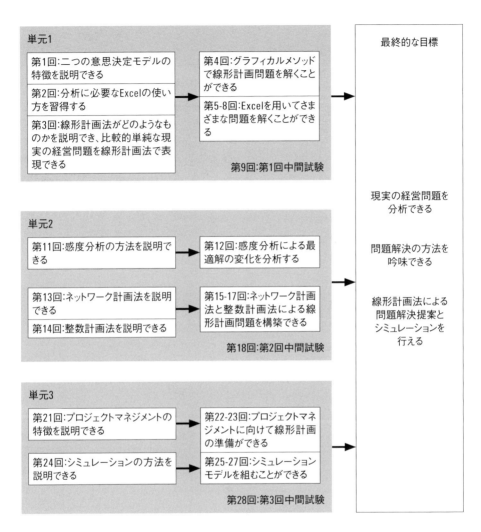

図5　学習プロセスの図式化の例（出所　Nilson 2007、p.72を参考に作成）

表29　図5を表で示したもの

第1回	二つの意思決定モデルの特徴を説明できる
第2回	分析に必要なExcelの使い方を習得する
第3回	線形計画法がどのようなものかを説明でき、比較的単純な現実の経営問題を線形計画法で表現できる
第4回	グラフィカルメソッドで線形計画問題を解くことができる
第5-8回	Excelを用いてさまざまな問題を解くことができる
第9回	第1回中間試験
第10回	予備日・試験のフィードバック
第11回	感度分析の方法を説明できる
第12回	感度分析による最適解の変化を分析する
第13回	ネットワーク計画法を説明できる
第14回	整数計画法を説明できる
第15-17回	ネットワーク計画法と整数計画法による線形計画問題を構築できる
第18回	第2回中間試験
第19-20回	予備日
第21回	プロジェクトマネジメントの特徴を説明できる
第22-23回	プロジェクトマネジメントに向けて線形計画の準備ができる
第24回	シミュレーションの方法を説明できる
第25-27回	シミュレーションモデルを組むことができる
第28回	第3回中間試験
第29回	予備日
第30回	期末試験

出所　Nilson(2007) p.72を参考に作成

7章

授業設計を見直して改善する

1　見直しのための情報を集める

1.1　見直しの機会

　授業の質向上には、評価と改善が欠かせません。学期末の授業評価が定着した現在では、授業の評価は学期末に行うものと考えられがちです。しかし、学期中に迅速に対応できる改善点があれば、すぐに授業に反映する方が学生にとっても有益です。そのため、授業を見直すための情報は、学期中と学期末の大きく2回に分けて情報を集めます。

　授業開始直後から数回までの間には、学生のシラバスの理解度や、技術的な点に関する改善が可能です。特に、学生が授業の目的を理解できなかったり授業内容に興味を喚起されないという問題があれば、学生の学習意欲や学習成果に関わるため最優先で改善する必要があります。また、黒板の字が見やすいか、教員の声が聞き取れるかといったすぐに改善できる点は、授業の早い段階で情報を収集することで対応可能です。授業開始直後の時期に学生から集める情報には、表30のようなものがあります（池田ほか2001）。

1.2　学生の学習成果を確認する

　授業の見直しにおいて重要なのは、学生の学習状況の把握です。期末試験や期末レポート・発表などの最終成果物に加え、学期中に理解度や到達度を把握するために行ったことを利用して、学生の学習状況に関する情報を収集します。

　学期中に行える学生の学習状況の把握方法には、次のようなものがあります。

表30　学生から集める情報の項目

教師のスキルや態度に関する項目	☐ 黒板やスライドなどの使い方は適切ですか？ ☐ 話し方は適切ですか？ ☐ 授業を進めるスピードは適切ですか？ ☐ 質問や発言を促そうという姿勢は見えましたか？ ☐ 質問にはきちんと回答していましたか？ ☐ 学生に対する差別的な言動が感じられましたか？ ☐ 教師に授業への意欲が感じられましたか？ ☐ 私語や途中入室・退室などに毅然と対応していましたか？
授業の内容に関する項目	☐ 最初に配付したシラバスには、コースの進め方がわかりやすく書かれていましたか？ ☐ このコース全体の目標は、よく理解できましたか？ ☐ 授業内容がおもしろそうだと感じられましたか？ ☐ このコースの内容は、高校で学習したこととうまく接続されていますか？ ☐ これまでの毎回の授業のねらいは、そのつど明確にされていましたか？ ☐ 毎回の授業の内容は、よく準備されたものでしたか？ ☐ 毎回の授業の内容は、刺激的かつ関心を引き出すものでしたか？ ☐ 説明は、丁寧で理解しやすかったですか？ ☐ 教科書は、すでに手に入れましたか？ ☐ 教科書は、コースの内容に照らして適切なものでしたか？
授業時間外の学習に関する項目	☐ これまでの課題の量は適切でしたか？ ☐ これまでの課題の内容は適切でしたか？ ☐ 課題に取り組むうえで困った点はありますか？（図書館の参考図書が足りない、コンピュータの利用が難しい、などの問題点がありましたら書いてください）
学生自身の学習態度に関する項目	☐ これまでの授業に、きちんと出席していましたか？ ☐ これまでの課題は、提出しましたか？ ☐ 教科書を予習して授業に臨んでいますか？ ☐ これまでの授業や課題によって刺激を受け、自主的に調べたり学んだことはありますか？
教室環境・設備などに関する項目	☐ 教室の規模は適切ですか？ ☐ 教室の環境（温度、換気など）は適切ですか？ ☐ 教室の設備（ビデオ、コンピュータなど）は適切ですか？

出所　池田ほか（2001）pp.154-156より引用

・学生の表情や態度を見て、不安や困難が見られる学生に話しかける。
・理解度を確認する問題を示して、学生に答えてもらう。
・新しい内容を提示するたびに、選択問題を出して挙手やクリッカーで回答してもらう。
・授業終了時に簡単な小テストを実施する。
・授業の冒頭で、前回までの内容を確認する短時間の試験を行う。

一方、授業終了後は、期末試験の中で多くの学生ができなかった問題がないか、期末レポートの評価で多くの学生がつまずいた点がないかなど、クラス全体の傾向とその原因を推察します。課題に学生が興味をもてなかった、興味はあったが学生が十分に学習できなかった、課題に効果的・効率的に取り組む方法がわからなかった、課題に必要な学習時間が十分とれなかったなどの原因があるかもしれません。

1.3　アンケートを行う

　多くの大学では、学期末に授業アンケートが行われています。それには、授業を見直すための量的な情報が含まれていますが、ここでは質的な情報を多く得る方法を説明します。

　授業の最後に小テストを行っている場合、余白欄に授業に関する意見を書いてもらう方法があります。「授業をよくするための意見があれば教えてください」「授業でわかりにくい点があれば教えてください」「何か必要なサポートがあれば教えてください」という質問をするだけで、授業を見直す情報が得られる可能性が高まります。匿名の方が書きやすいようであれば、小テストなどの用紙とは別にアンケート用の用紙を配付したり、小テスト用紙の下半分を切り離すよう指示する方法もあります。

　一方、過度なアンケートへの依存は避けましょう。授業進行中のアンケートは数回にとどめて、学生と直接話をするなど他の方法での情報収集と併用します。黒板の字が見やすいかといった外形的な項目は、学生に尋ねればすぐにわかることです。アンケートでは、学生がどのような学習支援を求めているか、学生が普段どのような準備学習をしているかなど、学習に関する項目に限定し、自由記述で求めるとよいでしょう。

　学期末の授業アンケートは、集計の数値そのものに注目するのではなく、教員の意図とのギャップに注目するようにします。黒板を使用せず学生が用意した事前課題を中心に進めた授業において、黒板の字が読みやすかったかという項目に対する評価が低かったとしても、注目する価値があるとは言えません。一方、教員側は授業時間外の課題を十分に課したと思ったにもかかわらず、アンケートでは授業時間外の課題は少なかったという結果を得た場合、課題の量を増やせる余地があることを示唆します。なお、アンケートの実施にあたっては、多くの大学で教員が任意に項目を追加できます。授業の設計において工夫や改善をした点があれば、その点に関する独自の項目を追加したり記述意見を求めましょう。

1.4 参観者から情報を得る

　授業を学生以外の人に見てもらいコメントをもらうことで、授業に関する情報を得ることができます。授業に参観者を招くことに抵抗を感じる教員もいますが、有益な情報が得られる方法であり、できるだけ活用しましょう。参観は毎回必要とは限りません。

　複数教員で担当している授業の場合、自分が担当しない授業にも参加するとともに、同僚教員にも自分の担当回に参観してもらうことで、授業に関する意見交換がしやすくなります。また、ティーチングアシスタント(TA)がいる場合はTAからも授業に関するコメントを求めることができます。授業にゲスト講師を呼んでいる場合、ゲストの都合がつけば登壇する授業以外でも授業を参観してもらい、コメントを求めることができます。

　同僚同士で授業を見学し合う授業参観制度を取り入れている大学があります。そうした機会がある場合は、参観してくれた教員を個別に訪ねて授業に関するアドバイスを求めると、有益なコメントが得られます。大学で制度化されていない場合は、頼みやすい同僚教員に参観を依頼する方法もあります。また、受講者以外の学生による授業参観を取り入れている大学もあり、学生ならではの視点からのフィードバックを得る機会となっています。そうした制度がない場合は、自分の研究室に所属する学生や大学院生に参観を依頼することもできます。

　大学の中には、授業を参観して専門的なアドバイスを行う授業コンサルテーションを行う大学もあります。個人で依頼できる参観者が少ない場合は、そうした専門家によるサービスを利用する方法もあります。

2 シラバスを見直す

2.1 見直しの基準をもつ

　授業設計を見直す第一歩は、その具体的な成果物であるシラバスの点検です。シラバスが学生の学習支援に有益なものになっているかどうかを点検しましょう。表31はシラバスを点検するためのルーブリックです。これを参考にすると、自己点検が可能です。このルーブリックは北米圏の大学で使われているルーブリックを参考にまとめたものです。

　このルーブリックには自己点検を促すメリットがあることに加えて、同

表31　シラバスを点検するためのルーブリック

	模範的	発展段階	標準的
読みやすさ	文章と図表が有機的に連関しており、重要な内容に学生の注意を引きつけられる。	授業の概要、到達目標、授業計画について、図表を用いたわかりやすい表記を用いている。	見出し・箇条書き・テキストボックスなどにより、文章の構造を明確にして書かれている。
授業の概要	授業内容が学生の人生に有益で妥当なものであることが、わかりやすい言葉で説明されている。	授業の目的はわかりやすく示されているが、学習内容が大学のディプロマポリシーや卒業後の職業・生活との関連が十分説明できていない。	授業の目的がわかりやすく示されている。
到達目標	到達目標は、学生が自己評価できる程度に明確な行動や技能で示されている。複数の到達目標が相互に連関しており、課題・主要な学習活動・評価方法が到達目標に沿ったものである。	到達目標は、学生が自己評価できる程度に明確な行動や技能で示されているが、目標間の連関や目標と課題・評価方法の関係が示されていない。	授業終了時に学生が身につけている知識や技能が示されている。目標が観察・測定できるか、目標は相互に連関しているか、目標と課題内容や評価方法が合致しているかについて、改善の余地がある。
教材・資料	学習に必要な文献や資料と、発展的な学習や補習的な学習に用いる文献や資料を区別して明示している。また、それらの文献や資料がなぜ必要かが説明されており、学生がどのように活用すればよいかを示している。	学習に用いる文献、資料の概要と、それらが有益な理由を説明している。	学習に用いる文献や資料の書誌情報を明示している。
カリキュラムとの関係	他の科目の学習内容のうち、この授業で必要な知識・技能を明示している。また、履修済み授業の内容がこの授業の内容とどう連関するかを説明している。	他の科目で学習した内容が、この授業でどう活用されるかを説明している。	履修済みであることが必要な科目名、並行して履修が必要な科目名を明示している。
評価方針	最終的な評定と到達目標の連関を説明するとともに、課題・試験・授業中の活動などの評価対象の取り組みが最終的な評定にどのように反映されるかを明示している。また、授業の中間や期末で学生の成績についてフィードバックする方法や時期を説明している。	課題・試験・授業中の活動などの評価対象の取り組みが最終的な評定にどのように反映されるかを明示している。	成績評価の基準を示すとともに、複数の評価方法の素点を最終的な評定に換算する方針を明示している。

欠席の扱い	優れた成績を修めるために、課題や試験を含む授業中のあらゆる活動にどう参加すればよいかを説明している。授業の中で出席と参加がどう区別されるかが説明されている。欠席した際の対応方法を明示している。	欠席が成績評価に与える影響と、補習の方法を示している。また、グループ活動・発表・試験などを欠席した際の対応方法を明示している。	欠席が成績評価にどのように影響するか（減点されるか）を明示している。
授業実施計画	毎回の授業の到達目標と、それに関連する課題や試験、授業時間内の学習活動、授業時間外の学習活動が明示されている。	毎回の授業の到達目標と、それに関連する課題や活動が明示されている。	毎回の授業内容や重要な締め切りの日などを明示している。
情報機器の活用方針	授業中・授業時間外の情報機器の活用方法を説明している。LMSを利用する場合、使い方、使う場面、更新の頻度、利用が困難な学生へのサポートなどを説明している。	授業中に情報機器が利用可能な場面を明示している。また不適切な使用をすることの弊害や問題を説明している。LMSを利用する場合、使い方を説明している。	携帯電話を含む情報機器の授業中の利用についての方針や制限を説明している。LMSを利用する場合、利用することを周知している。
学術倫理の方針	この授業において想定されうる反倫理的な行為の例を示すとともに、行った場合の対応方針を明示している。	この授業において特に気をつけるべき倫理的行動を示すとともに、行った場合の対応方針を明示している。	大学の倫理方針を示すとともに、不正行為、捏造・改竄・剽窃を行った場合の対応方針を明示している。
特別な配慮が必要な学生への対応	授業中に必要な活動（議論・口頭発表・筆記・機器や器具の操作など）を示すとともに、それらが困難な場合の支援方法や代替活動について簡単な説明をしている。	大学の方針から、授業に関連する部分を引用して説明するとともに、学内で提供される支援の受け方を説明している。	大学の方針から、授業に関連する部分を引用して説明している。

出所　Palmer et al.(2014)pp.16-20を参考に作成

僚教員やTAからのフィードバックを容易にするメリットもあります。作成したシラバスについてコメントを求める際に、ルーブリックを使って点検してもらうと、観点が明確になり、より多くのフィードバックが得られます。また、学生からのフィードバックは、シラバスの改善に最も有効です。学期末には、学生にシラバスについての意見を求めることを忘れないようにしましょう。

2.2　少しずつ充実させる

　初めてシラバスを準備する場合は、最初から完成度の高いものを用意しようとせず、数年をかけて完成させるくらいの気持ちで臨みましょ

う。初回配付用シラバスを作成している教員は、毎年少しずつシラバスを改訂して充実を図っています。その方法は三つあります。第一に、授業選択用シラバスを活用すること、第二に、初回配付用シラバスのテンプレートを活用すること、第三に、他の教員から初回配付用シラバスを提供してもらうことの三つです (Davis 2009)。

現在、多くの大学で採用されている授業選択用シラバスは、毎回の授業のスケジュールや準備学習の記入欄が設定されており、初回配付用シラバスに近づいています。各大学が作成するシラバス作成ガイドラインに従って公開用シラバスを用意していけば、初回配付用シラバスの作成は難しくありません。

また、国外の大学には、初回配付用シラバスのテンプレートを提供している大学が多数あります。一度テンプレートに沿って作成した後で、担当授業に合わせて修正することで、効率的にシラバスを作成することができます。

テンプレートの代わりに、同僚教員や同じ科目を教える他大学の教員から初回配付用シラバスを提供してもらう方法もあります。しかし、すべての教員が初回配付用シラバスを作成しているとは限らず、入手が困難かもしれません。また、国外でも受講者向けの資料であるため、一般に公開されていないことが多く、個人的に依頼できる教員がいない場合は入手が困難です。この場合、まず入手可能な他分野の初回配付用シラバスを参照しましょう。

2.3 コースパックに発展させる

初回配付用のシラバスを充実させていくと、教材の要素が増えていきます。たとえば、毎回の授業前に講読を指定している論文がある場合、書誌情報を示すだけでなく、論文のコピーをシラバスに添付して配付しておけば、学生が各自で文献を用意することなくすぐに学習に取り組めます。また、授業期間中に使用する文献を、事前にまとめて授業開始時に配付しておけば、学生のシラバスの利便性は一層高まります。このように、初回配付用シラバスに教材を添付するメリットには、次のようなものがあります。

- 学生の授業への関心を高めたり、教員の授業への熱意を伝えることができる。
- 事前に文献の難易度を確認して自分に合った学習計画を立てること

ができる。
・過去の授業で使った文献を参照する際にも、学生が持参していなかったり紛失しているなどの問題を防ぐことができる。
・学生は文献を探してコピーする時間を節約して、学習に集中できる。
・必要な文献が貸出中になるなどの、学生の学習の阻害要因を排除できる。

　学生が授業期間中に必要とするさまざまな教材をまとめたものを、コースパックやコースパケットと呼びます。コースパックは、国外の大学では標準的な授業教材の形態です。また、コースパックを印刷して製本するサービスを大学が提供しているところも多く、それらは大学の書店で安価で販売されてもいます。
　初回配付用のシラバスに、これらの教材・資料を合わせてファイルに綴じて配付します。コースパックを受け取る学生は、授業に期待される学習量を理解するとともに、教員の授業に対する熱意も理解するでしょう。

3　ウェブサイト上にシラバスを作成する

3.1　シラバスを学生とともに作る

　初回配付用シラバスは10頁以上になるものが多く、印刷に手間がかかります。したがって、多くの学生が参加する授業では、ウェブサイトを通してシラバスを提供することも一つの方法です。ただし、初回配付用シラバスは初回の授業の教材でもあり、全員がアクセスする環境がない場合は印刷物として配る方が適切です。また、ウェブサイトでシラバスを提供する場合には、教員の熱意を伝えたり良好な授業の雰囲気を作るという効果も小さくなります。
　それでも多くの教員が、紙媒体のシラバスに加えて、ウェブサイト経由でもシラバスを用意しています。その理由の一つは、授業の進行とともにシラバスを発展させることができる点です (Cavender 2013)。たとえば、事前学習用の文献を読み、ワークシートに沿って内容をまとめさせ、それを授業開始までにオンラインで提出してもらうという課題を課すことができます。教員は、事前に学生の学習状況を確認することができるうえ、他の学生に紹介したい優れた成果があれば、ウェブサイト上で学生に周知して

共有することができます。

　また、授業開始後に課題文献を追加するなど、授業の進行状況に合わせてシラバスの内容やコースパックを変更できる点もウェブサイト上のシラバスの利点です。ほかにも、教員へ連絡するためのメールアドレスのリンクを挿入したり、少人数セミナーで学生の同意が得られる場合には、クラス全体で共有する受講者名簿を作ることもできます。

3.2　ウェブサイトでシラバスを活用する際の注意点

　ウェブサイトを活用してシラバスを提供する場合は、学生が安心して使えるような配慮や指導が必要です。また、学生の頻繁なアクセスを促すための工夫もすべきでしょう。一般的に次のような注意点があります (Nilson 2010)。

- 受講学生だけがアクセスできる環境を準備しましょう。これは大学が提供するラーニングマネジメントシステム (LMS) を利用する場合は、簡単に設定できますが、独自にウェブサイトを作る場合は、パスワードで利用者を限定したりアドレスを公開しないようにします。
- 1回の授業について、少なくとも1回は内容を更新しましょう。そのために、授業中に学生から集めた質問への回答をアップロードするなど、更新のための活動をあらかじめ用意しておきます。
- 見た目のわかりやすさを重視したデザインにしましょう。できるだけシンプルに表示するよう設計します。また、紙媒体と併用する場合は、紙媒体で用意したものと大きく見た目が変わらないようにします。
- 学生にオンラインでのコミュニケーションのためのガイドラインを示しましょう。これは、学生間でコミュニケーションを必要とする課題の際に役立ちます。

4　授業設計を学ぶ

4.1　経験から学習する

　大学教員の教育力の向上においてFDが重要であると言われますが、FDを単に集合型の研修と捉えるべきではありません。大学教員の成長に研修型のFDよりも、教員自身の授業経験が成長に有益であったことを示

す調査もあります（東北大学高等教育開発推進センター 2013）。研修の時間は1年間の中で数時間にすぎませんが、授業時間は半期2単位の科目で1科目30時間あるため、教員としての授業経験が重要であるという調査結果にも納得できます。実際には、研修と授業経験は相互補完的なもので、どちらも重要です。

　そこで、授業の経験から学び、授業の優れた点と改善すべき点を明らかにして、その後の授業設計に活かすサイクルを確立できるようにします。ただし、授業を行う経験だけで、自動的に授業の改善点が明らかになるわけではありません。大学教員のような専門職は、リフレクションによって経験の中から知を生成すると言われています（ショーン 2001）。リフレクションは、経験した出来事を抽象化・理論化するプロセスです。

4.2　リフレクションの機会を利用する

　大学によっては、制度としてリフレクションの機会を設けている場合があります。授業懇談会や授業検討会などの名称で、教員の授業経験を共有し、その中から授業改善のヒントや授業設計の教訓を引き出す取り組みです。

　大学がリフレクションの場を用意していない場合でも、学外の場に参加することができます。学外の場は、授業改善に意欲的な教員が集まるという点で、有益な改善情報を得られる可能性が高くなります。

4.3　同僚と話をする

　リフレクションは、フォーマルな場だけで行うものではありません。手軽にリフレクションを進める方法の一つは、同僚教員と授業に関する話をすることです。はじめは、担当授業について困ったことや学生について気になることを同僚教員に質問することから始めるとよいでしょう。「学生同士で教え合う時間を設けたのですが、学生からもっと講義をしてほしいと言われてしまいました」「何を問いかけてもわからないの一点張りで、コミュニケーションをしない学生がいます」などの自分の経験を話し、他の教員にどのように対応するかを尋ねることは、リフレクションの導入として最適です。

　同僚との話の中でリフレクションを効果的なものとするには、授業の中で工夫したことや意図したことについて、同僚ならどのように考えるかを尋ねる質問をするとよいでしょう。「今期は授業時間外の課題を出すよう

にしたが、取り組んでいない学生が多かったようです」「今期は期末試験の前に学生に問題を作ってもらう時間を取ったら、学生の理解が深まったようです」などの自分の工夫や課題について話し、意見をもらうようにします。

4.4 研修に参加する

　授業設計は、研修で最も人気のあるテーマの一つです。個別の大学で開催される研修以外にも、初任者教員向けのセミナーを開催している団体や学会が多数あります。また、学外からの研修参加者を受け入れている大学もあります。研修に参加することは時間的・金銭的な負担が伴いますが、質の高い研修であれば、少ない時間で効果的・効率的に学習することができます。

　研修は授業の経験を重ねるだけでは得られない、新しい知識や視点を得られる機会です。研修で新しいアイディアを得て授業で試してみるといった、PDCAサイクルの中に研修を位置づけて活用できるとよいでしょう。また、ティーチング・ポートフォリオを作成するといった、授業経験を振り返ることに重点を置いた研修もあります。リフレクションを主目的とした学外研修の場合、テーマに関する学習に加えて、学外教員とのネットワークが構築できるという副次的な効果もあります。授業設計について率直な意見交換ができる仲間が増えることは、リフレクションの質を高めるうえでも有効です。

第3部

さまざまな授業設計に対応する

8章

授業時間外の学習を充実させる

1 授業時間外の学習を促すには設計が重要

1.1 政策的に求められる授業時間外の学習

　1998年の大学審議会答申「21世紀の大学像と今後の改革方策について」において、単位制度の実質化が指摘されて以来、授業時間外学習の促進は政策上も重要な課題となってきました。これは、日本の大学制度が単位制度を基本としているにもかかわらず、さまざまな調査で日本の大学生の学習時間の短さが明らかにされたためです。

　これを受けて進められたことの一つは、シラバスに事前準備学習や事後の復習を明記することです。授業時間外の学習は、学生の自主性に任せるのではなく、教員が指示する務めであるとされました。その結果、多くの大学で公開用シラバスに授業時間外学習を指示する項目が設けられるようになりました。

　2008年の中央教育審議会大学分科会答申「学士課程教育の構築に向けて」では、大学に期待する取り組みとして、授業の到達目標や学習内容の明確な記述、準備学習の内容の具体的な指示、成績評価の方法と基準の明示、シラバスが授業概要を総覧する資料(コースカタログ)と同等にとどまらないことを求めています。

1.2 自主性に期待するのは難しい

　こうした政策に対して、大学生であれば自主的に課題を設定して学習すべきだという意見もあるでしょう。しかし、授業時間外に自主的に学習することを期待するのは難しいという実態が明らかになっています。

　北米圏の大学では、大量の授業時間外学習が課されるということはよく

知られた事実です。諸外国の学生がよく学ぶ理由の一つは、具体的で計画的な授業時間外学習が課されるからです。大学生に自主的な学習を期待するだけでなく、授業時間外学習の充実には具体的な指示が必要であることの証左と言えます。

授業時間外の学習を充実させるためには、学生の自主性に任せるのではなく、授業設計の段階で授業時間外の学習を促すように工夫する必要があります。

1.3　学習の質も充実させる

授業時間外の学習時間を増やすことは難しいことではありません。学生に授業時間外学習のための課題を与えれば、授業時間外学習の時間を増やすことはできます。しかし、質を問わずに大量の授業時間外学習を課すことは適切な行為とは言えません。なぜなら、量が増えたからといって、授業時間外学習が充実したものとなったとは限らないからです。

授業時間外学習の議論では、学習時間の量にのみ焦点が当てられる傾向にあります。しかし、授業時間外学習を充実させるためには、量だけでなく学習の質も重要であることを忘れてはいけません。そして、授業時間外学習の質を高めるためには、設計の段階で授業時間外に課す学習活動や課題について準備しておく必要があります。

1.4　授業時間外学習の適切な条件を理解する

授業時間外学習を充実させるうえで、まずは授業時間外学習の適切な条件を理解しておきましょう。授業時間外学習の適切な条件として、以下の四つがあげられます。

1｜学習目標に沿っている

授業時間外の学習も、学習目標に到達するためのものです。学生が学習目標を到達するためにどのようなことができるようになる必要があるかを明らかにし、それに沿った学習活動と課題を準備します。

2｜授業時間内の学習とつながりをもっている

授業時間内の学習とつながりをもっていることで、学生が授業時間外学習の意義を理解しやすくなります。また、学生がスムーズに学習することができます。

3 | 達成可能なレベルと量である

授業時間外学習として課す課題のレベルと量は、学生にとって達成可能なものである必要があります。達成可能なレベルと量の課題を与えるためには、まずは学生の能力を把握することが求められます。

4 | フィードバックの機会がある

授業時間外の学習に対して学生にフィードバックを与える機会を設け、やらせっぱなしで終わらないようにします。フィードバックの機会があることで、学生が学習の進捗状況を把握できるだけでなく、自身の学習に対する改善点を理解できたり、学習への意欲を高めることができます。

1.5　授業時間外の学習活動を理解する

授業時間外学習を授業に適切に組み込むために、授業時間外の学習活動について詳しく理解しておきましょう。表32は、学習活動からみた主な授業時間外学習の例です。これらの学習活動を組み合わせることもできます。課題文献を読んでレポートを書かせる、オンライン教材を視聴させて小テストを解かせる、グループで話し合って発表用のスライドの準備を作成させるなどです。

また、個人に課すだけでなく、グループに対して、これらの活動を課すこ

表32　学習活動からみた授業時間外学習の例

学習活動	授業時間外の学習活動の例
読解	教科書の予習・復習をする 課題文献を読む
視聴	オンライン教材の講義を視聴する 英語のリスニング課題を聴く
ライティング	課題レポートを書く 実験レポート・実習記録を書く 発表用のスライド資料を作成する
問題演習	教科書の演習問題を解く 小テストを解く
ディスカッション	図書館でグループディスカッションをする オンラインでディスカッションする
フィールドワーク／観察	実験作業を観察する フィールドワークをする

ともできます。グループに対して課す場合は、グループ分けや役割分担など授業時間内で教員が準備をしておく必要があります。

2 教授戦略をもとに授業時間外の学習を設計する

2.1 教授戦略をもとにして考える

　授業設計の段階で授業時間外学習について考える場合、二つのアプローチがあります。一つは、授業時間内の学習と授業時間外の学習を最初から分けて考える方法です。具体的には、すべての授業時間内の学習を決めた後に授業時間外の学習を決めるというもので、多くの教員がとっているアプローチでしょう。

　もう一つは、授業時間外を含めた授業全体における教授戦略を定めた後に、個々の学習活動を授業時間内と授業時間外に割り振っていくという方法です。教授戦略とは、学習目標を達成するために必要な学習活動の組み合わせを指します（フィンク 2011）。たとえば、予習、確認テスト、講義という組み合わせです。授業時間外の学習と授業時間内の学習とのつながりをもたせるためには、この教授戦略から考えるアプローチの方が適しているでしょう。

2.2 教授戦略を選択する

　教授戦略から授業時間外学習について考えるためには、まず学習目標に沿った教授戦略を選択する必要があります。教授戦略の具体的な例として、以下のものがあります（フィンク 2011）。

1｜講義・読解・テスト

　講義を聴いた後に、関連する文献を読みます。そして、講義と読解を数回繰り返した後に中間試験を行います。

2｜読解・ライティング・ディスカッション

　文献を読解した後に、内容をまとめたり他の人に説明するための資料を作成するライティングを行います。あるいは、解決すべき問題に関する文献の読解後に、その内容を用いた問題解決案を記述するライティングを行います。その後、クラス全体でのディスカッションを行います。

3 | フィールドワーク・読解／ディスカッション

　フィールドワークなどの体験をした後に、文献を読解したり、クラス全体でのディスカッションを行います。

4 | 講義・フィールドワーク／観察・ライティング

　講義を聴いた後に、フィールドワークをしたり、実験室を観察するなどの体験をします。そして、体験を振り返るためにライティングを行います。

5 | 読解・個人テスト・グループテスト・問題演習

　文献を読解した後に、個人とグループでのテストを課します。その後、読解した知識をもとにグループで応用問題の演習を行います。

2.3　授業時間外の学習活動を決める

　教授戦略を選択したら、どの学習活動を授業時間内と授業時間外それぞれで行うかを決めます。授業時間内と授業時間外の学習活動を決めるうえで参考になるのが、図6に示した学習活動の流れ図です。上部に授業時間内に行う学習活動を記述し、下部に授業時間外に行う学習活動を記述します。授業時間外の学習を授業と授業の間に置き、授業時間内と授業時間外の学習活動を分けて考えることで、授業時間内と授業時間外の学習のつながりが一目でわかります。単元あるいは1〜3回の授業回に区切って設計を考えると、つながりがわかりやすくなります。

　授業時間内と授業時間外の学習活動を具体的に記載した例を示したのが図7と図8です。図7は、講義−読解−テストを組み合わせた教授戦略に基づく設計図で、伝統的な講義を中心とした授業をモデルとしたものです。授業時間内で講義、授業時間外に課題文献の読解、単元の最後の授業でテストを行います。授業時間外に講義内容に関する文献を読解させることで、講義内容に関する知識の定着を図ることができます。

　図8は、視聴−テスト−問題演習を組み合わせた教授戦略に基づく設計で、反転授業をモデルとしたものです。授業時間外にオンライン動画教材の講義を視聴させます。授業時間内では、視聴した講義内容に関するテストを行った後、講義内容の知識を応用して解く問題演習に取り組ませます。

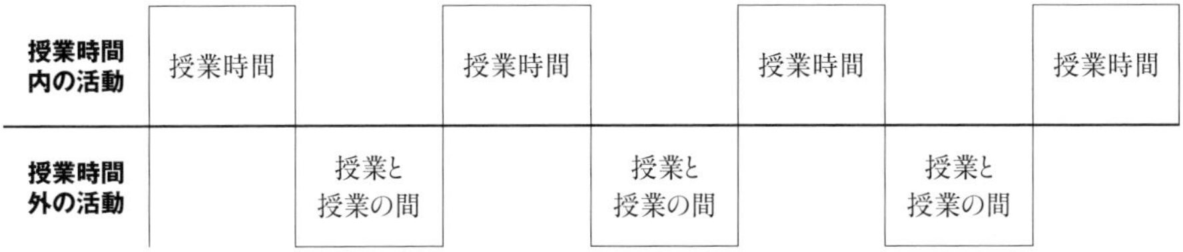

授業時間内の活動	授業時間		授業時間		授業時間		授業時間
授業時間外の活動		授業と授業の間		授業と授業の間		授業と授業の間	

図6　学習活動の流れ図（出所　フィンク2011、p.153を参考に作成）

授業時間内の活動	講義		講義		講義		テスト
授業時間外の活動		読解		読解		読解	

図7　講義 - 読解 - テストを教授戦略として取り入れた設計

授業時間内の活動	オリエンテーション		テスト問題演習		テスト問題演習		テスト
授業時間外の活動		視聴		視聴		視聴	

図8　視聴 - テスト - 問題演習を教授戦略として取り入れた設計

2.4　学習課題を準備する

　授業時間外の学習活動を決めたら、学生が遂行する課題について考えます。たとえば、学生に読解をさせるのであれば、学生に何を読ませるのか、どのような問いと指示を与えるのかについて検討します。また、学生にオンラインで動画を視聴させるのであれば、どのようなオンライン教材を用いるのか、どのように学生に配信するのかなどについて検討します。

　授業時間外の学習課題を考えるうえで重視すべきは、学生の視点です。これくらいは学生に学習してもらいたいという教員の視点から課題の量とレベルを設定するのではなく、学生が授業時間外に達成できるかどうかという視点から課題の量とレベルを決めます。設計の段階では、どのような学生が受講するのかわからないこともあります。そのようなときは、過去の学生の学習状況や当該科目を担当したことのある他の教員の話を

参考にして、学生の達成可能な課題の量とレベルを決めます。

　また、課題を遂行するために必要となる教材に対して学生がアクセスできるかどうかについても考慮しておくべきです。課題文献を読ませるならば、学生が入手できる文献かどうかを確認します。学生が入手できる文献の場合は、教科書として指定しておきます。また、学生が入手するのが難しい場合は、印刷するなどして教員が準備する必要があります。

3　授業時間外の学習課題を工夫する

3.1　設計を通して学習させる

　授業時間外の学習課題を課したにもかかわらず、多くの学生が課題を遂行してこなかったという経験をもつ教員は多いのではないでしょうか。授業時間外の課題を遂行してこない学生が多くいると、課題をやる時間を授業時間内に再度、組み込むことになり、自身の立てた設計通りに授業を進めることができなくなります。さらに、課題を遂行してきた学生が無駄な時間を過ごすことになってしまいます。

　まずは、学生の課題遂行を促すための工夫を組み込みましょう。課題を提示する直前にこのような工夫について考えても、組み込める工夫は限られてしまいます。設計段階で、学生の課題遂行を促すために組み込む工夫について考えておきます。

3.2　学習活動の成果を可視化する

　課題の遂行を促す工夫の一つは、授業時間外の学習活動の成果を可視化することです。「この文献を来週の授業までに読む」「地球温暖化の問題点を考えてくる」といった課題を与えるだけでは、学生が課題を遂行したかどうかを判断することは困難です。なぜなら、学生が課題文献を読んだかどうか、あるいは課題について考えたかどうかというのは、教員からは判断できないからです。読んだ文献について内容や意見を問うワークシートを準備し、そのワークシートに書かせるなどして、学習活動の成果をアウトプットさせる必要があります。

　授業時間外の学習活動の成果を可視化する工夫として、以下のものがあります。

- 文献について抜粋したり、要約した事実をワークシートに書かせる
- 文献についての意見をワークシートに書かせる
- ノートに問題を解かせる
- オンラインで視聴した講義のノートを取らせる
- ディスカッションした内容の要約をワークシートに書かせる
- フィールドで観察したことをノートに記述させる
- フィールドでの経験の振り返りをノートに記述させる

3.3 学習活動の成果を授業時間内で活用する

　授業時間外の学習と授業時間内の学習のつながりがわかるように、授業時間外の学習活動の成果を授業時間内での学習と関連づけるようにしましょう。授業時間外の学習活動の成果を授業時間内の学習に活用する工夫として、以下のものがあります。

- 課題文献について読ませたら授業の始めに解説をする
- 課題文献について用意させた疑問点を授業の始めにディスカッションさせる
- 検討してきた事例についてグループでディスカッションをさせる
- 授業時間外に行わせたグループ作業の進捗状況を報告させる
- 授業時間外に課した演習問題に類似した問題をもとに小テストをする
- 授業時間外に読解・視聴させた講義内容について確認テストをする
- 授業時間外に読解・視聴させた講義内容に対する疑問点について補足説明する

3.4 フィードバックを与える

　フィードバックのない学習活動に対して意欲的に取り組むことは、誰にとっても難しいものです。教員が「成績評価には関係ないけれど、学生の学びにとって重要である」と考えていたとしても、多くの学生は「成績評価に関係なければやらなくてもよい」と捉え、学習課題に取り組むことはしません。授業時間外の学習活動に対してフィードバックをする方法を、設計の段階で考えておきましょう。

　受講生が多くいる場合、教員が毎回、授業時間外の学習に対して評価するのは難しいかもしれません。予習課題を与える授業では、翌回の授業の

始めに予習内容を確認する小テストを行い、評価することができます。この小テストをTAに評価させる、または学生同士でピア評価をさせることにより、教員の負荷を削減することができます。ワークシートに記述させる課題の場合は、シートを自己管理させて、最終的にまとめたものをポートフォリオとして提出させて評価することもできます。

4 授業時間外学習の設計において配慮すべき点

4.1 学生のスケジュールに合わせて内容と分量を決める

　授業時間外の学習が重要であるからといって、過度な学習量は効果的な学習とならない場合もあります。課題の設計でまず配慮すべきことは、5,000字のレポート課題のような負荷の大きい課題を一度に出さず、適量を小分けして出すことです。そのためには、課題に取り組むための十分な時間を確保できるよう、課題の内容や分量を決めましょう。

　課題の内容と分量を決めるうえで確認しておく必要があるのは、学生のスケジュールです。祝日や長期休暇により授業と授業の間隔が空く場合は課題を多くしたり、学園祭などの学校行事で学生が多忙な場合には課題を少なくしたり工夫しましょう。また、学習に要する時間は学生によっても異なるので、すべての学生が課題に取り組める時間を確保できるように配慮します。

4.2 受講者の一部に課題を課す

　授業時間外学習は、学習に時間を要する学生、障がいのある学生、発展課題に取り組みたい学生など一部の受講生を対象に課すこともできます。受講者の一部に課題を課す場合は、フィードバックの方法に配慮が必要です。

　全受講生を対象にした学習の場合、全員がフィードバックの対象となるため、フィードバックを授業時間内に組み込むことができます。しかし、受講生の一部を対象とする課題の場合、フィードバックの対象が限定されるため、授業時間内に組み込むことは適切ではないでしょう。授業の前・後の時間やオフィスアワー、ICTを活用し、個別にフィードバックを与える機会を設計しておく必要があります。

4.3 グループでの学習活動に向けて準備する

　授業時間外のグループ学習は、「来週、4人グループで発表してもらいます。各自、適当にグループを作って図書館等で準備してきてください」と指示を出すだけでは円滑に進みません。教員は、授業時間内にグループ学習に向けた準備をしておく必要があります。

　授業時間外でのグループ学習を円滑に行うために、教員が授業時間内を使って明確な指示や支援を行いましょう。特に次の四つの点に配慮するとよいでしょう。

　第一に、グループ分けを授業中に行っておきます。グループ分けをする際には、教員の方針を明確に伝えるようにします。たとえば、よく会う友達同士でグループになることを認めるのか、学部、学科、学年、性別、学習歴などの属性をどの程度考慮するのかについての指示をします。学生同士でのグループ分けが難しい場合には、教員が指定してもよいでしょう。

　第二に、グループのメンバー間で円滑なコミュニケーションがとれる人間関係の構築を促します。特に、初対面の学生同士でグループになった場合、人間関係の構築をしないままに授業時間外の学習に取り組ませても、十分なグループ学習が行えません。授業時間内で共同作業が必要な課題に取り組んだり、お互いをよく知るためのアイスブレイクを行うようにします。

　第三に、グループ内でメンバーの役割と責任を明確にします。授業時間外のグループ学習の際に、多くの学生が戸惑うことの一つはフリーライダーの存在です。フリーライダーの存在は、それ以外の学生の意欲を損ないます。メンバー内での役割分担を指示したり、グループワークにピア評価を組み入れたりすることで、そのような言動を軽減することが可能です。それでも問題が解消しないようでしたら、教員が個別指導する必要もあります。

　第四に、グループ学習を行うためのスペースの存在について告知しておきましょう。教室や図書館に設けられた学習スペースの予約にあたって教員の許可が必要な場合は、連絡するように伝えます。食堂や大学近隣のカフェ等のインフォーマルなスペースの活用も促しましょう。また、スカイプ等のICTの活用により、全員が揃わなくても、共同作業が可能であることも伝えるとよいでしょう。

9章

教材を準備する

1 教材の特徴を理解する

1.1 教材は学習を促す基礎となる

　大学でよく使われる教材は教科書、講義スライド、映像、ワークシートなどです。教材は、授業で教える教員の専門的知識や技術を学生が円滑に学習するための道具です。優れた教材は学生の学習を促すことができます。

　毎回の授業が終わった段階で、次の授業で使う教材を用意すればよいと考える教員もいるでしょう。しかし、授業ごとに教材を準備していると、学習内容に適切なものが見つからず、学習目標から逸れた教材を用いることになったり、授業と授業のつながりがわかりにくい教材を学生に提示することになります。授業を設計する段階で、どのような教材を用いるのか、どのように配列するのかについて考えておく必要があります。

1.2 教材の種類を理解する

　教材には、視点に応じてさまざまな分類があります（日本教材学会編 2013）。設計の段階において、学習に適した教材を把握するために、教材の種類を理解しておきましょう。以下、五つの分類方法を紹介します。

1｜言語教材、視聴覚教材、実物教材

　何を媒体として学習内容を伝達するのかという視点から、言語教材、視聴覚教材、実物教材の三つに分けることができます。言語教材とは、文字で内容を表した教材で、教科書、論文、新聞、シナリオ教材、ワークシートなどが含まれます。視聴覚教材は、映像や音楽で内容を伝えるもので、図・表、絵、写真、DVDなどが含まれます。実物教材は、模型や標本などです。

2 | 習得教材、活用教材

　学習目標として知識や技能の理解または活用のどちらに重点を置いているのかという視点から、習得教材と活用教材の二つに分けることができます。習得教材は、新しい学習事項を理解させるためのものです。教科書、資料集、辞典、演習問題などです。活用教材は、習得した知識を反復して学習し、完全に身につけたり、習得した知識を活用するためのものです。繰り返し学習できるドリル教材、実験ノート、シナリオ教材などです。基礎から応用へという基本的な授業の組み立てをもとにすると、習得教材で学習してから活用教材を用いるのが一般的です。

3 | 課題教材、道具教材、資料教材

　学習課題とどのような関係があるかという視点から、課題教材、道具教材、資料教材の三つに分けることができます。課題教材とは、課題そのものを表現しているものです。『源氏物語』を読む文学の授業では、『源氏物語』が課題教材となります。また、語学の授業で文法を学習しているならば、その文法を含む文章それ自体が課題教材です。道具教材とは、課題が道具の形で示されているものです。実験であれば、実験器具や化学薬品が道具教材になります。資料教材とは、学習課題の遂行を補助するためのものです。文学の授業では古語辞典、歴史学の授業であれば資料集、実験の授業では実験ノートなどが資料教材となります。

4 | 講義用教材、練習教材、実験・実習教材、調べ学習教材

　学生が学習内容をどのように学ぶのかという視点から、講義用教材、練習教材、実験・実習教材、調べ学習教材の四つに分けることができます。講義用教材は、教員が講義をするための教材で、講義スライド、教科書、写真、映像です。練習教材は、学習者が習得した知識を繰り返し学習するための教材で、ワークブック、練習帳です。実験・実習教材は、学習者が具体的な経験をもとに学習するための教材で、実験ノート、観察ノート、実習記録などです。調べ学習教材は、学生が自らで課題を設定し、自身の興味・関心に基づき、文献、インターネット、フィールドワークを用いて、知見を整理して発表するためのものです。論文、辞典、インターネットのウェブサイトなどがあります。

5｜印刷教材、パック教材、オンライン教材

　教材を学習者にどのように届けるかという視点から、印刷教材、パック教材、オンライン教材という三つに分けることができます。印刷教材は、教科書や毎回の授業時に配付する講義資料など印刷物を個別に学生に届けるものです。パック教材は、授業で用いる教材を一つに集めたものです。北米の大学で用いられている、シラバス、講義資料、ワークシート、文献を一つにまとめたコースパックが、代表的なものです。オンライン教材は、教員が教材をインターネット上にアップし、学生が必要に応じてアクセスするものです。

1.3　適切な教材を選択する

　あらゆる身近な素材が教材となりえますが、それらの素材はすぐに教材として用いることができるということではありません。教員が、教材に適したものかを分析し、選択する必要があります。教材を選択するうえで以下の三つの観点が重要になります。

1｜学習目標の達成に役立つものである

　学習目標を中心にして授業を設計するのが基本です。教材の選択においても学習目標を達成するのに役立つかどうかという観点が重要になります。

2｜学問分野の研究の知見に沿ったものである

　学習内容は一つ以上の学問分野に関係しています。学習内容に関連した学問分野の学説や研究の知見に沿っているものかどうかという観点から、教材を選択する必要性があります。

3｜興味や関心を高めるものである

　学生の興味や関心を高めることができるかどうかという観点からも教材を検討する必要があります。特に、日常生活に関連したものや卒業後に就く仕事に関連したものは、学生が興味や関心をもちやすい教材です。

1.4　教材を配列する

　選択した教材をどのような順番で提示するかについても検討する必要があります。教材を配列する方法には、一般的なものから個別的なものへ

という演繹的な配列と個別的なものから一般的なものへという帰納的な配列があります。演繹的な配列と帰納的な配列のどちらが優れているということはありません。授業の学習目標、学習内容、教員の教授スタイルによって異なります。

　演繹的な配列では、学習させたい概念、原理、法則、規則、方法について学習してから具体的な事実、現象、出来事、作品について学習できるように教材を配列します。社会学の理論について学習する講義形式の授業であれば、社会学の理論について説明するスライドを提示した後に、その理論に基づく実証的なデータを提示するように教材を配列します。また、物理学の授業であれば、重力レンズ効果について説明した後、重力レンズ効果を示す映像などを提示します。

　帰納的な配列では、学生の関心を引きつける具体的な事実、現象、出来事、作品を学習してから一般的な概念、原理、法則、規則、方法について学習できるように教材を配列します。美術史の授業であれば、複数の作品を提示し、それぞれの作品の特徴を学習してから美術様式の変遷について学習できるように教材を配列します。また、医学、看護学、経営学の分野で積極的に取り組まれているPBL (Ploblem Based Learning) の授業は、教材を帰納的に配列した事例です。

　この二つの配列以外にも、教材の配列する基本的な原理として次のものがあります。簡単なものから複雑なものへ、既知のものから未知のものへ、時系列的に過去・現在・未来へ、身の回りのものから世界へという配列です。

2　教科書を用いる

2.1　大学ではさまざまな使われ方をしている

　大学の授業でよく用いられる教材の一つが教科書です。大学での教科書の位置づけは、初等・中等教育の教科書の位置づけとは異なっています（新堀 1982）。初等・中等教育の大部分の授業では教科書を中心にして授業が展開されますが、大学では必ずしも教科書は主教材となるわけではありません。大学での主な教科書の活用方法として以下のものがあります。

・授業中に中心的な主教材として用いる

・授業中に使用せずに、授業時間外に自己学習用副教材として用いる
・授業中もしくは授業時間外に問題演習のために用いる

　教科書の活用方法に影響を与えるのは、科目の特性です。授業で教えるべき知識や概念が多く含まれる科目では、教科書の内容を理解することに重点が置かれ、教科書を中心に授業を展開することができます。一方、あるテーマについて学生の思考を深めることを重視している授業では、教科書は主に副教材として用いられます。また、このような授業では教科書を教材として使用しないことがあります。科目の特性によって教科書の活用方法は異なりますが、教科書を読むだけで授業ができるわけではありません。

　教科書を指定する場合には、必ず授業の中での位置づけを明確にしておきましょう。教科書として指定されていたため購入したけれどあまり使われないという状況に対して、学生は多くの不満をもちます。学生にとって教科書代の負担は軽いものではありません。授業での位置づけを検討することなく、どこかで使うかもしれないから、という理由で教科書を購入させるのは避けるべきです。

2.2　適切な教科書を選択する

　教科書を授業の主教材として用いる場合、教員は慎重に教科書を選択する必要があります。教科書を選択する基準は教員によって異なるでしょうが、一般的な戦略として、以下のものがあります（Svinicki and McKeachie 2014）。

1｜教科書の候補となる書籍を複数冊選ぶ

　はじめに、目次、他の教員の意見、書評をもとに、教科書として使用できそうな書籍を2〜5冊選びます。

2｜候補となる書籍の中から2、3章を読む

　書籍全体を把握するために全章を速読するよりも、2、3章選んで読んだ方が、書籍のレベルを深く理解することができます。読む章を選択する際には、教員の専門分野のテーマから1章、専門分野とは関係のないテーマから1章選択するとよいでしょう。

3 | 重要な概念の説明の方法に注目する

教科書の候補として選択した書籍の中で、授業科目で扱う重要な概念がどのように説明されているのかに注目します。説明が、学生にとってわかりやすいものか、興味を引くものかどうかを確認します。

4 | 図・表を確認する

言葉だけでなく、図・表を用いた視覚的な説明がある方が、学生にとって理解しやすいです。また、それらの図表が基本的な概念から逸れていないかどうかも確認しましょう。

5 | 価格が適切なものである

教科書の価格が学生にとって適切な金額かどうかも考慮する必要があります。

2.3 参考書を効果的に組み合わせる

教科書以外に教員が指定する書籍として、必ずしも学生が購入する必要のないものの、購入や読書が推奨される参考書があります。教科書と参考書をうまく組み合わせることで、学習内容の深い理解や思考を促すことができます。参考書の例として、以下のものがあります。

問題演習用の書籍

数学などの科目では、説明中心の書籍を教科書とする一方、自己学習用に問題演習中心の書籍を参考書にする場合があります。

辞典、判例集、地図

文学や語学系の科目では、文学作品や読解用の書籍を教科書とする一方、解釈や読解をするための補助として辞典を参考書とする場合があります。また、法学の科目では判例集や六法全書を、地理学の科目では地図を参考書とする場合があります。

イラスト中心の書籍

記述中心でレベルの高い書籍を教科書として指定する場合、学生にとってわかりやすい「図解○○」「マンガで学ぶ○○」など視覚的に理解できる書籍を参考書とします。

概説書

科目の内容を理解するために基礎的な知識を必要とする場合、「概説○

◯」などの書籍を参考書として指定することがあります。

3 既存の文献を教材にする

3.1 既存の文献を収集する

　学生が興味をもちそうな複数のテーマから授業を構成する科目の場合、授業内容を網羅する教科書がないことがあります。また、指定した教科書の記述が不十分な場合もあるでしょう。そのような場合は、教員が論文や書籍、新聞記事などの既存の文献から教材となる素材を収集する必要があります。これらの素材は、コピーして教材として学生に配付することもできますし、講義用スライドなど自分の講義用資料を作成するための資料にもなります。

　既存の文献を収集して教材とするうえで求められるのは、学習内容を明確にしておくことです。そして、明確にした学習内容に沿って関連する文献を収集します。関連する文献を見つける方法としては、論文検索データベースを活用する、OPACを活用する、図書館や書店で関連する書籍を閲覧する、新聞記事データベースを活用する、書評を読むなどです。もちろん、学習内容に関連する自分の論文や書籍がある場合は、それらを教材として活用することもできます。

3.2 教材を選択するうえで考慮すべきこと

　文献を収集した後、授業で活用する教材を選択します。収集した文献が学習内容に合致している場合は、そのまま教材として使うこともできます。しかし、多くの場合は、論文や書籍の一部を引用するなど収集した文献を部分的に用いることになるでしょう。

　収集した文献から教材を選択するうえで考慮すべき点として、以下の4点があげられます。

1 | 情報を多様な方法で提示する

　文章のみの説明では、学習がマンネリ化してしまい、学生が集中力を維持することは困難です。また、多様な方法で情報が示された方が、学生は理解を深めることができます。文章だけでなく、図・表、写真、動画などを組み合わせ、学生が円滑に学習できるように教材を工夫しましょう。

2 | 最近の研究の動向や成果を含んでいる

多くの場合、教科書にはすでに確定した知識しか記載されないため、最新の研究の成果や動向については含まれていないことが多いです。自身の研究成果や関連する学会の学会誌に掲載されている論文をもとに、テーマに関する最新の研究動向や成果を学生が学習できるように配慮しましょう。

3 | 意見に偏りがない

「消費税を増税すべきかどうか」「高額所得者への課税を増やすべきかどうか」など一つの意見に収束しない問題を扱う場合、一方の意見のみを教材とすることは好ましいことではありません。意見に偏りが出ないように教材を準備する必要があります。授業時間内では一方の意見しか扱うことができない場合でも、授業時間外に学生が異なる意見について学習できるように、自己学習用の教材として提示するようにしましょう。

4 | 意図しないメッセージに配慮する

教材の中には、事例に登場する医師が男性ばかりであるなど、ジェンダーやエスニシティなど多様性に配慮していない記述がみられるものもあります。極力、そのような教材を選択しないようにしましょう。歴史的事実を扱うなど、ほかの教材を見つけることができず、多様性に配慮していない教材を使わざるを得ない場合は、学生に対してその点を事前にしっかりと説明しておく必要があります。

教材を選択したら、学生への提示方法についても検討します。自分の講義資料に組み込むのか、論文や書籍の章全体をコピーして配付するのか、図・表や事例の部分だけを抜粋して学生に配付するのか、学生自身に探させてコピーさせるのかなどです。

3.3 著作権に配慮する

著作権法において、大学を含む学校の授業で教材として使用する場合、論文や書籍などの著作物を著作権者の了解を得ることなく一定の範囲でコピーし、配付することが例外措置として認められています。具体的には、次に示す著作権法第35条の中で示されています。

著作権法　第35条(学校その他の教育機関における複製等)
学校その他の教育機関(営利を目的として設置されているものを除く。)において教育を担任する者及び授業を受ける者は、その授業の過程における使用に供することを目的とする場合には、必要と認められる限度において、公表された著作物を複製することができる。ただし、当該著作物の種類及び用途並びにその複製の部数及び態様に照らし著作権者の利益を不当に害することとなる場合は、この限りでない。

この例外措置が適用される条件として、以下のものがあるとされています(著作権法第35条ガイドライン協議会2004)。

・授業を担当する教員やその授業などを受ける学生がコピーすること
・本人(教員または学生)の授業で使用すること
・コピーは必要な限度内の部数であること
・すでに公表された著作物であること
・その著作物の種類や用途などから判断して、著作権者の利益を不当に害しないこと
・著作物の題名、著作者名などの「出所の明示」をすること

　必要な限度内の部数とは、受講者数と授業を担当する教員の数の合計が基本となります。しかし、コピーする部数が極端に多くなる多人数授業の場合は、著作権者の利益にも配慮する必要があります。また、演習問題用の1冊のテキストを数回に分けてコピーし、配付することも、著作権者の利益を侵害することになります。
　また、他人の論文や書籍一部を教材としてLMSにアップロードすることは認められていません。オンライン上でアクセスできる論文の場合には、学生にサイトのアドレスを伝え、学生自身にコピーさせましょう。

映画を教材として活用する

事例　教育学を教える際に、授業内容と関連する映画を教材として活用する例があります。授業内容と関連する映画を15〜30分ほど見せ、視聴内容についてのワークをもとに、授業を行っていきます。

映画は、学生の学習への興味を高めるだけでなく、抽象的な理論や概念を具体的に理解させるための事例として、あるいは具体的に思考を深めるための事例として優れた教材です。筆者も、「ザ・中学教師」「ビリギャル」「桐島、部活やめるってよ」「パリ20区、僕たちのクラス」「モナリザ・スマイル」「デンジャラス・マインド／卒業の日まで」などの映画を活用して、授業を行っています。

　映画を教材として活用する際の一番の課題は、関連する映画をどのように探すかです。漠然と映画を観ていても、教材となる映画をみつけることは難しいです。日頃から授業で使えそうな映画はないかという視点をもって映画を観ることで、教材となる映画をみつけやすくなります。特に、「動機づけの方法」「教員のリーダーシップ」などの具体的なテーマを設定しながら、視聴するとよいでしょう。

　他の教員の授業実践を参考に、教材として活用できる映画を探すこともできます。授業で映画を教材として活用している授業実践に関する書籍や論文を読み、その授業で活用されている映画から自分の授業の教材となりうる映画を探します。特に、映画を活用した授業実践はアメリカを中心に海外に蓄積されており、テーマ、視聴シーン、視聴前後の活動を記載した英語の書籍や論文は参考になります。ただ、学生の文化的背景が異なるため、それらの海外の実践を日本の大学でそのまま用いることは難しく、学生の理解度に合わせて視聴場面を選択したり、背景を詳細に説明する工夫が必要になります。

　視聴する映画を選ぶ際には、学生の入手可能性にも配慮します。筆者は映画の一部を授業で提示しているため、学生から映画を後まで観たいという要望が出ます。そのような要望に対しては、「自分でレンタルして観るように」と伝えています。学生が授業時間外に自分で観ることができるように、一般に流通しているレンタル可能な映画を選ぶようにします。最近では、図書館に映画を置いている大学もあり、そのような映画から選ぶのもよいでしょう。

4　さまざまな教材開発の工夫を理解する

4.1　コースパックをつくる

　コースパックとは、学生が授業で必要とするさまざまな教材を一つにま

とめたもので、初回の授業で学生に配付します。日本の大学ではあまり普及していませんが、アメリカの大学の授業では一般的なものです。コースパックに含める教材として、シラバス、講義資料、ワークシート、課題、論文のコピー、関連する書籍の章のコピー、参考文献ガイドなどがあります。初めて担当する科目でコースパックを準備するのは困難ですが、すでに何回か担当している科目であれば教材のストックがあるため、コースパックを準備するのはそれほど難しくないでしょう。

　コースパックは、教員と学生の双方にとってメリットがあります。教員は、毎週のように配付資料を印刷したり、授業を休んだため配付資料を受け取っていない学生に対応する必要がなくなります。また、学生は授業全体で学習する内容や課題について具体的に理解することができます。

　コースパックに含める教材を決めたら、学生にどのような形態で配付するのかを検討します。受講生が少ないようならば、教員が印刷してファイルに綴じたり、原稿を作り学生各自にコピーさせることもできるでしょう。受講生が多い場合は、印刷業者に印刷を依頼したり、LMSにアップロードし、学生にダウンロードさせるといった工夫が求められます。

4.2　事例を活用する

　抽象的な言葉での説明だけでは、専門的な知識や経験をもたない学生が学習内容を理解することは困難です。学生が学習内容を深く理解することができるように、具体的な事例を教材として準備しましょう。事例を準備するためには、まず事例となりうる素材を収集する必要があります。

　素材を収集する方法には二つあります。一つは、データベースや事例集から事例となりうる素材を検討する方法です。たとえば、高等教育の就学率の変化について教える場合には、統計データベースや論文などから就学率の変化を示すデータやグラフを集めます。また、具体的な場面で知識を活用できることを重視した医学、看護学、経営学、教育学などの学問分野では、さまざまなテーマに対する事例集が書籍で出版されています。そのような事例集から事例となりうる素材を収集することもできます。

　もう一つは、日常の出来事や現象から事例となりうる素材を収集する方法です。たとえば、自分の専門に関わる新聞記事や雑誌記事を日常的に収集し、その中から担当する授業で教材として活用できそうな素材を選択します。この方法では、教員が現実社会の問題に日頃から関心を向けておく必要があります。新聞、雑誌、テレビ番組、ウェブサイトなどをスクラップ

しておくことが重要です(三重大学高等教育創造開発センター 2007a)。

4.3　オンライン教材を作成する

　学生がインターネットを通じてオンライン上でアクセスできるデジタル化された教材をオンライン教材と言います。シラバス、講義資料、ワークシート、文献リスト、電子ジャーナル、ソフトウェアツール、写真、動画、リスニング教材などがオンライン教材となりうるものです。

　オンライン教材を用いることは、学生と教員双方にメリットがあります。学生は、自身が学習しているときに必要に応じて、インターネットを通じてすぐに教材にアクセスすることができます。一方、教員も資料を印刷して配付するコストを省くことができます。

　オンライン教材の作成は難しいと感じる人も多いでしょう。確かに、ゼロから自分でオンライン教材を作成することは多くの労力を必要とするものです。しかし、すでに授業を担当したことがあり、講義用スライドや講義資料を作成しているならば、それほど難しいことではありません。なぜなら、すでに講義で使用したレジュメ、スライド、デジタルカメラで撮った写真、映像などをLMSやウェブサイトにアップロードすればよいだけだからです。LMSやWebサイトに既存の教材をアップロードしたら、学生がアクセスできるようになったかを忘れずに確認するようにしましょう。

4.4　動画教材を作成する

　パソコンのソフトウェアやスマートフォンのアプリケーションを用いて、低コストで動画教材を自分で作成できるようになりました。動画教材を作成するうえでよく使われるのが、パソコンのディスプレイに表示されている映像を録画するスクリーン録画ソフトウェアです(井上 2014)。講義用スライドをスクリーンに提示しながら、教員が解説を加えることができます。反転授業など動画教材の視聴後に対面式授業がある場合は、完璧な動画を作成する必要はなく、要点をわかりやすく伝えることに重点を置くとよいでしょう。また、学生が集中して動画を視聴できる時間の長さを考えると、1本の動画の時間は長くても15分程度が適切でしょう(市川 2015)。

　動画教材を作成するうえでのヒントとして、以下のものがあります(井上 2014)。

- できるだけコンパクトにする
- 単調にならないようにする
- 1人で難しい場合は、対談形式で作成する
- ユーモアを交える
- 音声品質にこだわる
- むだ話を避け、前置きを短くする
- 吹き出しを効果的に追加する
- ビデオクリップをうまく取り入れる
- 教員の映像を入れる
- 重要な部分をズームする効果を取り入れる
- クイズやボタンを追加する
- 著作権侵害をしないように気をつける

10章

意欲や態度を育成する授業を設計する

1 意欲や態度を設計に取り入れる必要性

1.1 大学の教育目標で重視されている

　多くの大学が掲げるディプロマポリシーでは、卒業時において、学生に身につけてもらいたい能力や適性として、専門的知識や思考力に加えて、探究心や倫理性などがあげられています。後者のような意欲や態度に関する目標が重要であるなら、授業の中でどのようにそれらを育成し、評価するかを設計しなければなりません。

　意欲や態度に関する目標は、医療職、法律職、教育職などの専門職を養成するカリキュラムで特に重要視されています。専門職の仕事は、個人が大きな責務を負うという特徴があるため、プロフェッショナリズム（専門職意識）を教えることは、授業の設計やカリキュラムの設計において欠くことができない視点です。

　特定の職業人の育成を前提としていないカリキュラムでも、単に専門知識や高度な技能を身につけるだけでなく、倫理性と法令遵守を基盤にして、それらを正しく活用できる人材の育成を目指しています。知識や技能があっても、基盤となる意欲や価値観が形成されていなければ、それらが発揮されなかったり、不適切に使われることもあります。人間形成という役割をもった大学教育において、意欲や態度の育成は不可欠の教育目標です。

1.2 知識や技能と結びついた目標である

　意欲や態度は、知識や技能、考え方や表現と密接に結びついています。図9は、医学教育の分野で専門職意識を育成するために、前提としてどのよ

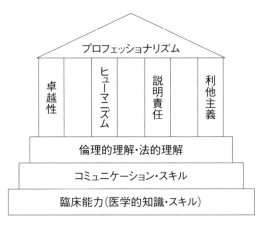

図9 医学教育で専門職意識を構成する要素（出所 スターン 2011、p.22）

うな知識や行動が求められるかを示しています（スターン 2011）。臨床能力、コミュニケーション・スキル、倫理的理解・法的理解は、基盤となる知識を表しています。それらを土台にして、卓越性、ヒューマニズム、説明責任、利他主義という観察可能な行動原理が示されています。この行動原理は、ときには衝突することもあるものの、そうした葛藤を賢明に解決できることが、専門職としてふさわしいことを図9は示しています。

図9が示唆することは、授業を通して身につける意欲や態度は、獲得した知識や技能を適切に活用したり発揮したりすることと関連しているということです。これは医学教育の例ですが、専門分野を問わず、意欲や態度の育成は知識や技能の習得と密接に関係しています。

1.3 教員自身の成長につながる

　意欲・態度面の目標は、社会のニーズや科学の進歩を反映しています。教員自身が大学教育を受けた時代に求められていた意欲や態度と、現在求められているものは異なっているかもしれません。また、専門職集団の中でも世代によって価値観の相違があります。たとえば、年配の医師は、地域への奉仕よりも研究による新しい知の発見が重要と考える一方、若い医師は、医療を通した社会的な使命の遂行が重要と考えるかもしれません。

　授業で意欲や態度を教えることは、担当科目で扱う知識や技能が、社会の中でどのような意味をもつのか、どのような問題解決の場面で使われるのかを理解させることです。そのプロセスでは、教員自身がもっている価

値観や専門職意識を見直すことが求められるかもしれません。意欲や態度を目標にすることは、教員自身の成長にもつながります。

2 意欲や態度を育成する授業を設計する

2.1 経験学習を取り入れる

倫理性を備え価値観をもった職業人を育成するには、経験を通して学ぶことが必要です。基礎的な知識を獲得した後で、それらを用いる現実的な活動に取り組む経験をすることで、抽象的・理論的な知識を利用可能で役立つものに転換することを促します（クルーズほか2012）。

経験学習は、実習・実験科目や卒業研究などで取り入れやすいものです。特に実習科目や実験科目では、見習い学習、協同学習、省察を学習活動として取り入れるように設計します（表33）。これらの学習の要素は、職業人を育成するカリキュラムにおいては、卒業前に取り組む職場実習において重要視されます。そのため、高学年次の科目では、それまでの授業で得られた抽象的・理論的知識を活用する機会となるように設計します。一般に、意欲や態度の育成には時間がかかるものと考えられることには、こうした背

表33 経験学習に取り入れるべき学習の要素

見習い学習	モデリング	熟達者の仕事ぶりを観察して模倣する。
	足場掛け	熟達者の仕事の一部を単純化し、その一部に挑戦する。学習したことが活かせるように、教員や熟達者がサポートをして仕事を完遂できるようにする。
	フェーディング	サポートを少しずつ減らし、仕事の一部を学生の責任で行えるようにする。
	コーチング	失敗や不完全な活動について、なぜそうなったのか、どのように知識を活用するかについての相談や助言を行う。
協同学習		学生が少人数のグループを組み、異なる役割を与えられる中で一つの問題解決に取り組む。
省察	経験の振り返り	経験したこと、経験したことの中で重要な要素や概念を教員・指導員や他の学生に話す。
	感情の振り返り	課題や仕事に取り組んでいた時のポジティブな感情・ネガティブな感情の両方を教員・指導員や他の学生に話す。
	経験の再評価	授業の目標と経験したことを対比し、抽象的な知識を経験と関連づけたり統合する。

出所 クルーズほか（2012）pp.42-48を参考に作成

景があります。

2.2 事例で学ぶ機会を取り入れる

　意欲や態度を育成する目標の設定は、高学年次の実習科目にとどまらず、講義科目や演習科目でも取り入れることができます。その際に参考になるのが、初等中等教育の道徳教育の考え方です。

　2008年に改訂された小中学校の学習指導要領では、道徳の時間と各教科の時間を扇の「面と要」の関係として位置づけています。扇の「面」は、各教科の中で扱う道徳的な内容を指し、「要」は週1時間の道徳という教科の中で扱う内容を指します。道徳のような態度を育成する教育目標は、週に1時間の授業だけで目標が達成されるものではなく、学校教育全体の中で取り組まなければ到達できないと考えられているのです。

　大学教育においても、卒業前の実習科目や卒業研究などが、意欲や態度の育成に重要な役割を担っていることは間違いないものの、それだけでは十分ではありません。カリキュラム全体で意欲や態度の育成に取り組む必要があります。教室内の学習として取り入れやすい育成方法の一つが、事例を通して学ぶ方法です。授業で事例を活用するには、講義における事例紹介とケースメソッド教材の活用という二つの方法があります。

1｜講義の中で事例を紹介する

　多くの教員が授業内容に関連した事例を紹介したり、今学んでいる知識が社会でどのように活用されているかを表す例を紹介しています。たとえば、文学や建築学では、実際の作品の画像や映像を提示して、知識が応用された例を示す授業があります。社会科学系の授業では、新聞記事を題材にする授業があります。

2｜ケースメソッド教材を活用する

　ケースメソッドは、具体的な事例を分析して自分なりの結論や意思決定を導く学習です。ケースメソッドで用いる教材は、医学、看護学、経営学、法学、教育学、工学などさまざまな分野でケース教材が開発されており、既存の教材を利用することも可能です。ケースメソッドでは客観的な事実に基づく分析に加え、ケースに登場する人物の立場で判断や意思決定を行うため、意欲や態度に関連した課題を設定しやすい長所があります。

2.3 目標を明確にする

意欲や態度を授業の目標に設定する際には、目標水準の設定が必要になります。この際には、ブルームが分類した情意的領域の目標分類が参考になります。これに従うと水準の低いものから順に、「受け入れ（意識化）」、「反応（興味・関心）」、「価値づけ」、「組織化」、「個性化」となります。講義科目では「反応」の水準までしか設定することは難しいでしょうし、実習科目では「価値づけ」以上の水準を設定することが可能でしょう。このように、各科目における目標の水準を決定する際は、カリキュラム全体における科目の位置づけをふまえることが必要です。

目標水準を明確にした後は、その評価水準の設定が必要です。意欲や態度の評価水準を設定する際には、カークパトリックの評価モデルが参考になります。ここでは、学習の結果として学生に起こる変容には、「反応（学習経験に対する参加者の感想）」、「学習（参加者の知識、態度、技能の変化）」、「行動（参加者の行動の変化）」、「結果（組織、システム、学習者自身の変化）」の4段階があると考えます。「反応」や「学習」の段階では、短時間の学習でも変容をもたらすことは可能ですが、「行動」や「結果」の段階での変容には時間がかかります。実習や卒業研究など卒業時に近い科目では、「行動」や「結果」の段階の変容をもたらす授業設計が求められます。

また、評価の水準に合わせた評価方法の設定も必要です。評価方法にはさまざまなものがありますが、水準が上がるほど学生の内面を評価するものから、観察可能なものを評価する方法に重点が移ります。表34は、目標設定の水準、評価の水準、評価の方法を整理したものです。

表34　目標と評価を設定するための水準

目標設定の水準	評価の水準	評価の方法
個性化	結果（組織、システム、学習者自身の変化）	観察、実践成果の評価
組織化	結果（組織、システム、学習者自身の変化）	観察、実践成果の評価
価値づけ	行動（参加者の行動の変化）	面接、観察、ピア評価
反応（興味・関心）	学習（参加者の知識、態度、技能の変化）	レポート、筆記試験
受け入れ（意識化）	反応（学習経験に対する参加者の感想）	アンケート、面接

出所　梶田(2010)p.181、クルーズほか(2012)p.53を参考に作成

2.4 意欲や態度を育成する課題を用意する

　意欲や態度は客観的な指標で評価することが困難です。しかし、授業では評価基準を設定する必要があります。そこで、目標とする意欲や態度を身につけている場合に、どのような具体的な特徴が、学生の行動や発言に現れるべきかを書き出してみます。たとえば、人種差別に反対の態度を取れる人は、レポートの論述の中で具体的な対応方法の例を示すことができたり、映像資料の中で示された微妙な差別的態度を指摘できるといった行動ができます。そうした特徴をリストアップすることで、論述や観察における意欲や態度の評価をすることが可能となります。

　また、「自分ならどうするか」という価値判断を問う事例教材を用意するとよいでしょう。たとえば、看護学の授業で、看護師であるあなたが清拭の準備をしたものの、患者が気分が悪いからほっておいてほしいと言った場合にどうするかと問います。また、経営学の授業で、財務担当役員であるあなたが、長年進めてきた株式公開の仕事が終わる直前で、不正会計に気づいた場合にどうするか、といった問題です。「人種差別についてどう思いますか」や「地球環境保護についてどう思いますか」ではなく、具体的で個人的な行動選択の場面における価値判断の意図を問うことで、学習者の意欲や態度の評価が可能になります(鈴木 2002)。

3　意欲や態度を育成するさまざまな教育技法

3.1　ロールモデルを観察させる

　ロールモデルを観察させる学習を、ロールモデリングと呼びます。ロールモデリングは、学習対象となる人物の具体的な行動を観察したり模倣したりすることで学ぶ方法です。特に専門職教育では、模範的な行動を示すことで、専門職がもつべき態度、振る舞い、倫理、専門家の価値を伝えることができる重要な技法です。ロールモデリングを通じて、学生が目標とする意欲や態度を身につけることができます。行動変容へ至るプロセスにおいては、学生の中で二つの内的な変化が起こるとされています(クルーズほか 2012)。

　第一に、ロールモデルの観察を通して、無意識なものを意識化します。その経験を経て、観察したものを抽象的な言葉で思考し表現します。その後、得られた洞察や原理を行動に転移させることで、知識の受容と行動変容

に至ります。よって、このプロセスでは、観察記録を作成する活動が有効です。

　第二に、ロールモデルの観察は、特定の態度や価値観の探究を引き起こします。特に、自分がこれまで意識してこなかった考え方や態度に直面する経験をすることで、新しい考え方や態度のもつ意義や価値を、問い直したり批判的に検討したりします。批判的検討を経て態度や価値観の受け入れに同意したり納得できたりすると、知識の受容と行動変容に至ります。ただし、こうしたプロセスは学生の中で無意識に行われることもあります。ロールモデルの観察が無意識のうちに一般化と行動変容へ統合される場合、憧れや感動などの感覚を伴うことが多くあります。

3.2　シミュレーションを活用する

　シミュレーションは、ある状況を作り出して学生がその状況を疑似体験することを通して学ぶ方法です。たとえば、模擬患者が医療者役の学生の医療面接を受ける学習や、模擬法律相談者が弁護士役の学生に法律相談をする学習などがあります。シミュレーションは、具体的な問題解決が求められる課題が提示されるため、専門知識、技能、態度のすべての面を統合した学習となります。

　シミュレーションでは、取り組む前に十分な準備と練習をすることが重要です。あらかじめ課題と問題解決の条件（手順・制限時間・利用できる道具の制限など）を示します。また、それらをまとめたチェックリストを用意して、他の学生のシミュレーションを観察して評価する準備も行います。そうした準備を経て、実際のシミュレーションを行い、終了後に振り返りを行います。振り返りの時間では、学生ができたこと、できなかったことを確認し、なぜできなかったか、次にどうすればうまくできるかについて、観察者を含めた意見交換や提案を行います。

3.3　ポートフォリオを作成させる

　意欲や態度の育成では、学習のプロセスで学生が観察したことや考えたことを記録する学習が効果的です。意欲や態度のような複雑な能力の評価法としては、記録をまとめたポートフォリオが適しているためです。観察や思考の記録は、ポートフォリオにまとめることで、意欲や態度が発達するプロセスを評価する際のエビデンスとして使用できます。

　ポートフォリオには、二つの要素があります。一つはワーキング・ポート

フォリオと呼ばれるもので、日誌や記録などの蓄積と自己省察を中心に構成するポートフォリオです。もう一つは、パフォーマンス・ポートフォリオと呼ばれるもので、レポートや指導者からの評価コメントなど評価されたことを中心に構成するポートフォリオです。実際には、これらを組み合わせて、長期間にわたる意欲や態度の変化を追跡します。

　職業人教育ではワーキング・ポートフォリオの一形態として、日誌が重要視されています。日誌は、観察や実習の経験を記録するもので、多くの場合、(1) その日に新たに経験したことや気づいたこと、(2) その日の経験で失敗したことやうまくできなかったこと、(3) 今の気持ちや感想、(4) 今後学びたい内容の四つの側面について記述する様式になっています。学生が学習内容に関する自己の成長や成果を記録した日誌をまとめることで、省察するためのワーキング・ポートフォリオが出来上がります。

3.4　リフレクションを促す

　リフレクションは、自分の経験や行動を振り返り、それらの意味づけを行ったり再解釈をすることで、考え方を変えたり新しい知識を得ることです。ロールモデリングやシミュレーションでも活動後にリフレクションを取り入れることによって、経験から得られる知識に気づきやすくなります。

　リフレクションを取り入れることは、自己評価のスキル獲得において重要と考えられています(スターン 2011)。特に、態度のように獲得に時間を要し、獲得のプロセスが複雑な目標の場合、どのように取り組めば目標を達成できるのかについて、教員も交えて他者と正直に話して共有する機会をもつことが重要です。

　「リフレクションをしましょう」と指示するだけでは、学生は経験から十分な知識を引き出すことができません。「今日の課題に取り組む際に、役に立ったことはどんなことですか?」「今日のミスについて、どう考えますか?」「今週の経験の中で、最も意味のある経験はどれですか?」のように、教員が学生の経験したことの意味づけや言語化を促す質問を用意することが重要です。

11章

複数教員で授業を行う

1 複数教員で教える意義

1.1 複数教員で教える長所と短所

　授業の中には、複数の教員で一つの授業を教える科目があります。複数教員による授業は学生に複雑な思考を促したり、統合や評価などの高次の認知的目標の到達に効果的であると考えられているためです（Leavitt 2006）。たとえば、ヒトクローン胚を利用した研究の是非や、原子力発電所撤廃の是非など、専門分野を横断した議論が求められる内容の学習において、複数教員での授業は効果的と考えられています。

　学生は、複数教員がそれぞれの立場で一つのテーマについて議論するプロセスに参加することで、多角的な視点と学際的な思考力、問題を解決する多様な方法の提案力、専門家の意見を批判的に考察する能力などを高めることができます。

　一方で、複数教員による授業は、1人で担当する授業以上に準備に時間を要します。適切に設計された授業であれば、授業に参加した教員と学生の双方が、授業を通じて交わされる健全な議論を通じて、さまざまな立場の見方を獲得することにつながります。しかし、授業の設計が適切でないと、学生は断片的な知識を提供されたまま統合できずに混乱したり、異なる立場に対する敵対的な見解を聞かされるだけになることもあります。そのため、教員にとっても、とても素晴らしい経験だったという意見と、二度と関わりたくないという意見とに二極化しやすい授業形態です（Bess 2000）。

　また、複数教員による授業を増やすには、多くの教員を必要とします。大学としては、1人当たりの担当授業数を増やすか、教員数を増やさなけれ

ばならず、全体的な教育費用の増加になります。さらに、複数教員での授業を強要された教員は、授業への意欲を失う場合もあります(Smith 1994)。

1.2 複数教員で教える授業のタイプ

複数教員で教える授業には、いくつかのタイプがあり、それぞれに特徴があります。一般には、表35のような五つの授業があります(Cook 2004)。

参観型授業は制度として取り入れている大学も多く、授業経験の浅い教員でも参加しやすい方法です。一般に、授業後に授業者と参観者が授業について分析的な議論を行う授業検討会とセットで行われます。リラックスした雰囲気で議論を行うためには、授業者と参観者が数人程度の少人数であり、事前に決められたメンバーが参加する形で進めるとよいでしょう。

表35　複数教員で教える授業のタイプ

タイプ	特徴	適した目的	授業設計の難易度
参観型授業	授業に別の教員が参加して授業を観察し、授業後に内容や進め方について分析的な意見交換を行う。	・複数教員授業の経験がない教員のオリエンテーション。 ・優れた教員の授業から学ぶ場合。 ・問題がある教員の授業を点検する場合。	易
チューター参加型授業	教員の授業に別の教員（含TA）が参加して、一方が講義中にもう一方が学生の個別指導を行う。	・実験や実習など、学習や活動のプロセスが重要であり、学生の活動を注意深く観察する必要がある場合。	易
並行授業	学生を幾つかのグループに分け、同じ内容を複数の教員で教える。	・言語学習や基礎科目など、少人数での指導が効果的であることが明らかな場合。 ・セミナーなど、学生の議論が重要である授業の場合。	中
リレー授業	複数の教員が一つの授業に関わり、1人が1回から数回を単独で教えながら順番に別の内容を教える。	・学習内容が多岐にわたるが、順序を問わずに学べる場合。 ・理論と実験など、高度な内容を分業して教える場合。 ・初学者に全体的な内容を教える場合。	難
チーム授業	複数の教員で一つの授業を教える。	・卒業学年の授業や大学院の授業など、非常に高度な内容を教える場合。 ・専門分野の異なる学生を同時に教える場合。 ・多様なアプローチが求められる内容を教える場合。	難

出所　Cook(2004) pp.16-21を参考に作成

チューター参加型授業は、初年次科目、リテラシー科目、実験や実習の授業など、スキル習得を目標とした授業で広く取り入れられている形態です。主担当の教員以外の教員は、主担当教員の指示のもとで、学生指導の補佐を行うことが多く、授業の設計は比較的容易です。

並行授業は、外国語や数学などの基礎科目で多く取り入れられている形態です。共通のシラバスとテキストを用意することもあります。主担当教員は、各教員の教育経験や専門分野を考慮に入れながら、すべての学生が期待される目標に到達できる授業を設計しなければなりません。

リレー授業は、オムニバス授業とも呼ばれます。心理学、医学、環境学などのように、高校までに学習することがない分野の入門科目として、その分野の研究を大まかに紹介するような授業で取り入れられています。ただし、リレー授業は、断片的な知識の提供にとどまりがちで、高次の目標を達成する授業を行おうとすると主担当教員の準備負担が大きくなります。

チーム授業は、環境学、国際協力、女性学など既存の学問分野の融合分野や学際分野の授業や、複数の視点での考察が求められる授業で取り入れられています。専門家同士の真剣な議論に学生を巻き込むうえで効果的な授業方法です。しかし、主担当教員は参加教員の協力を得て授業を設計する必要があります。主担当教員も参加教員も、授業の準備に要する時間が増えるという問題もあります。

1.3 複数教員による授業を行う前提条件

複数教員で授業を行う場合は授業自体の設計に加えて、教員の組み合わせに関する設計も重要になります。複数教員で授業を行う際の、教員の組み合わせに関する一般的な原則は、次の通りです (Eisen and Tidwell 2003)。

・担当する教員同士が、お互いに敬意をもっていること。
・担当する教員同士が、(特に任期付教員が任期のない教員に対して) 相手の意見に対して不同意を示すことが自由にできる関係をもっていること。
・担当する教員の専門領域が相互に補完的であること。または、同じ分野の中で影響力のある領域になることを競っていること。
・担当する教員全員が、成績評価の方法、授業の内容、授業の進め方などを決めるにあたって、他者のやり方を進んで受け入れる寛容さを有すること。

こうした条件を満たせない場合は、授業をコーディネートする中心教員が、まずは授業開始前に、教員間での交流会を設けたり、お互いの研究成果を発表する研究会を開催したりすることで、担当教員同士の人間関係を良好にする活動が必要となります。

1.4 教育方法を学ぶ機会になる

複数教員授業の副次的な効果として、教員の教育力を効率的に高めることができます。複数教員授業を担当すると、他の教員の教材、授業の進め方、学生への働きかけ方などを観察する機会が増えます。また、その準備段階で各教員の授業設計の意図について議論する機会もあります。特に、若手教員とベテラン教員を組み合わせた授業は、若手教員の成長を促す良い機会になります。

ただし、複数教員授業を経験すれば、自動的に教育力が向上するわけではありません。そのためには、参加する教員が授業の目的と学生の現状を深く理解していることが重要です。これができていると、授業を通じて挑戦すべき教育的課題を明確に認識することができ、他の教員の授業観察を成長の機会にすることができます(望月ほか 2013)。授業をコーディネートする教員は、授業の目的とその困難さや課題を他の教員と共有する機会を作るとよいでしょう。

2 リレー授業を設計する

2.1 リレー授業が求められる場面

リレー授業は、オムニバス授業とも呼ばれ、多くの大学で取り入れられている方法の一つです。リレー授業は大きく分けると二つのタイプの授業で取り入れられています。一つは、導入・概論科目を効果的に行う方法として取り入れられています。たとえば、医師や看護師など卒業後の職業と密接に結びついたカリキュラムでは、その分野の歴史や、その分野と人間や社会との関わりを理解し、学問への基本的な姿勢の形成を目的として概論科目が開設されています(島田ほか 2015)。また、初年次の入門科目として、所属学部で学べる学問の幅広さと面白さを紹介し、進級時の専攻やコース選択の支援とすることを目的とした授業でもよく取り入れられています(池本ほか 2006)。

今日の大学教育では、教育内容に職業的な意義をもたせることの重要性が指摘されており、横断的な知の構築や複雑な問題解決能力の育成、職業観を育成するキャリア教育など、多様な知を学ぶ概括的な科目が一層重要になると考えられます。また、教員の採用が公募で行われるようになり、新任教員の指導を引き受ける教員が不明確になるなど、新任教員が孤立しやすい環境が増えています。リレー講義を取り入れていくことは、教員間の協力や連携を促すことにもつながります。

2.2 リレー授業のコーディネータを務める

リレー授業には1人の教員では扱えないさまざまな立場を扱う内容を教えられるという長所がある一方で、毎回の授業の連関性や授業全体の目的があいまいになりやすいという問題もあります。リレー授業の主担当者として授業全体のコーディネートを行う場合は、次の点に注意して授業を設計します（脇田ほか2000、池本ほか2006、島田ほか2015）。

- コーディネータが行う授業に、他教員がゲストとして参加するという設計にする。コーディネータは毎回の授業で目的を説明する。
- ゲストとして参加する教員は、必要最小限の人数にとどめる。
- 学生が活動する時間を確保する。ゲストの講義時間を短くしたり、講義全体を複数に分割（例：15分の小講義を3回）してもらったりして、学生が考えたり話し合ったりできるような時間を確保する。
- 新たなゲスト教員が登壇する際は、コーディネータが、その授業内容が授業全体の目標のどこに位置づくかを説明する。
- 複数のゲスト教員が集合し、相互に質問や議論を行う機会をつくる。

こうした注意点をふまえると、授業全体の進め方は、三つのパターンに分かれます（表36）。一つ目は、各教員が独立して授業を担当するものです。多くの教員が関わることができるため広い範囲を扱ったり、専門分野を俯瞰する授業を行うことができます。しかし、コーディネータが教員間の連続性や相互の関係に配慮した設計を行わないと、授業が断片的なものとなり高次の目標到達が困難になる恐れがあります。二つ目は、一つ目と基本的には同じ構造であるものの、各教員が複数回の授業を担当します。関わる教員の数は少なくなりますが、一定のまとまりをもった構成にできます。三つ目は、複数の教員で複数回のまとまりのある授業を共同で担当す

表36 授業の実施計画の基本類型

	各教員が独立して指導	教員が独立して複数回を指導	複数教員の共同指導
1	オリエンテーション	オリエンテーション	オリエンテーション
2	教員1:導入→講義→質疑	教員1:講義	教員1:講義、教員2,3:質疑
3	教員2:導入→講義→質疑	教員1:演習	教員2:講義、教員1,3:質疑
4	教員3:導入→講義→質疑	教員1:議論	教員3:講義、教員1,2:質疑
5	教員4:導入→講義→質疑	教員2:講義	教員4:講義、教員5,6:質疑
6	教員5:導入→講義→質疑	教員2:演習	教員5:講義、教員4,6:質疑
7	教員6:導入→講義→質疑	教員2:議論	教員6:講義、教員4,5:質疑
8	教員7:導入→講義→質疑	教員3:講義	教員7:講義、教員8,9:質疑
9	教員8:導入→講義→質疑	教員3:演習	教員8:講義、教員7,9:質疑
10	教員9:導入→講義→質疑	教員3:議論	教員9:講義、教員7,8:質疑
11	教員10:導入→講義→質疑	教員4:講義	教員10:講義、教員11,12:質疑
12	教員11:導入→講義→質疑	教員4:演習	教員11:講義、教員10,12:質疑
13	教員12:導入→講義→質疑	教員4:議論	教員12:講義、教員10,11:質疑
14	教員13:導入→講義→質疑	授業のまとめ	授業のまとめ
15	授業のまとめ		

るものです。異なる専門分野の教員が議論をしながら講義を進めたり、人口やエネルギーなどの共通テーマに対して、異なるアプローチで論じるような授業を行うことができます。

2.3 リレー授業の成績評価を行う

　リレー授業の難しさの一つに、学生の成績評価があります。これは、学生も同様に感じていることで、リレー授業では成績がどう決まるのか、複数教員の間で一貫した評価が行われるのかなどの不安を感じています（Leavitt 2006）。リレー授業では、成績評価の方法を主担当の教員が設計し、すべての評価対象の活動について原則として主担当教員が評価を行うようにしましょう。

　たとえば、レポートを書く場合は、主担当教員が採点用の共通ルーブリックを用意し、各教員にルーブリックに沿った課題を用意してもらった

うえで、レポートの採点は主担当教員のみが行うようにします。このときに、ゲスト教員もレポートを読んで学生にコメントをフィードバックすることはできますが、評価には関わらないようにします（George and Davis-Wiley 2000）。

　また、授業開始前にすべてのゲスト教員に5問の多肢選択問題を用意してもらう方法もあります。多肢選択問題は、複数回答を許可したり「上のすべてが正しい」「上のすべてが誤り」などの選択肢を組み合わせることで、理解を促す問題を作ることができます。すべての授業において共通フォーマットによる理解度確認の機会を設けておくことで、リレー授業においても教員・学生の双方にとって明確な成績評価を行うことができます（Helms et al. 2005）。

2.4　リレー授業に一教員として参加する

　リレー授業に一教員として参加する場合は、主担当教員の設計したシラバスをよく理解して担当授業の準備を行います。また、主担当教員に自分が参加する意義を確認するため、打ち合わせでは次のような質問をします（Bess 2000）。

- 参加教員が果たす役割はどのようなものか？（講義のみ、講義と議論のリード、講義とレポート課題の提示など）
- 参加教員が授業に関わる日は特定の日か、学期中を通じて関わるのか？
- 主担当教員と参加教員は、学期中にどのくらいの頻度で打ち合わせをもつのか？
- 授業内容に異議がある場合は、どのようにすればよいのか？

　上の質問からもわかるように、参加教員は主に担当する授業が1回であっても5回であっても、授業全体の目標到達のために参加することに違いはありません。参加教員としては、次のような方針でリレー授業に臨むとよいでしょう（Leavitt 2006）。

- 自分の担当回の授業を準備する際、主担当教員や他の参加教員に原案を示してコメントをもらう。
- 自分の担当回以外の授業にすべて参加する。

・授業に関する打ち合わせにはすべて参加する。
・自分の担当回の授業に、他の教員の授業内容で扱った内容を取り入れる。

3 チーム授業を設計する

3.1 チーム授業が求められる場面

　チーム授業は、共同授業やチームティーチングもしくはティームティーチングとも呼ばれ、2人以上の教員で一つの授業を実施する方法を指します。チーム授業は、学際領域・複合領域の授業、複数の学問領域からアプローチ可能な現実社会の問題を扱う授業、理論家と実務家のような学問と職業を接続する授業など、教養教育や高学年の専門教育で多く取り入れられています。

　たとえば、法と経済学という複合領域の授業があります。最低賃金を決める法律や労働時間を制限する法律が、労働市場にどのような影響をもたらし、それは望ましいものと評価できるのかという議論を行います。法律の解釈はさまざまな観点から当事者の利益をはかるのが通常です。しかし、経済学的な視点での分析は、そうした解釈に一定の方向性を与えるなど、法律の解釈に新しい合理的な視点をもたらす意義があります。

　法と経済学の授業では、法学と経済学の教員がともに教壇に立ち、互いに批判的な議論をしながら、問題に複眼的にアプローチするという教育方法をとります。教員同士が真剣に議論をしながら進める授業は、学生に複雑な問題にアプローチする際の方法を具体的に提示できるため、効果的な授業方法です（杉原 2003、Leavitt 2006）。

3.2 チーム授業の設計の原則

　チーム授業では、教員間で密接な連携が求められ、授業の準備に要する時間も大幅に増えます。カリキュラム全体におけるチーム授業の数を増やす方針を打ち出している大学では、次のようなチーム授業設計の原則を掲げています（Leavitt 2006）。

1 | 授業の準備はすべて共同で行う

　チームで授業を行うには、単に内容をすり合わせるだけでなく、メン

バーがもつ授業の考え方や評価に対する考え方など、背後にある経験や考え方も含めて調整しながら授業をつくる必要があります。また、学際分野の授業では、教員だけでなく教員の指導を受ける学生を1人加え、学生の視点から授業の内容や進め方でわかりにくい点がないかについて、フィードバックを受けながら設計する例もあります。

2｜授業の予行演習を行う

授業中に教員同士でのディベートなどを実演する場合は、打ち合わせの段階で、リラックスした雰囲気で実際の進め方に沿って議論をします。その記録を取り、授業ではアドリブで議論するのではなく、一定のシナリオに沿って議論すると、授業時間内でまとまりのある授業がつくれます。

3｜学習者として参加する

授業に専門家として参加するのではなく、専門家も学習者として学生とともにチームの教員から学ぶ立場で参加します。学生は、教員の学ぶ姿からも学び方や考え方を学ぶことができます。

4｜学生の議論や発言を中心に設計する

チーム授業では、多様な視点から物事を考えることができるため、そのプロセスに学生に参加してもらうよう授業を組み立てます。教員同士での議論の後で、オープンクエスチョン（答えが一つに定まらない質問）を問い、学生に発言や議論を促す進め方を用意しておきます。

3.3　簡単な方法から始める

チーム授業の設計は、やや難易度が高いと言えます。急にチーム授業を始める必要はありません。表35で示した参観型授業やチューター参観型授業を取り入れることから始め、少しずつチーム授業につながる要素を増やしていくことで、将来的にチーム授業に発展する土台を作ることができます。

また、参観型授業やチューター参観型授業の複数教員授業は、前任教員から後任教員への授業の円滑な引き継ぎにも貢献します。退職や異動が予定されている教員の授業に、後任の教員が参加するケースが考えられます。

4 TAと授業を行う

4.1 TAと授業を行う意義

　多くの大学で、大学院生などの学生が教育支援者として教員とともに教育を行うティーチングアシスタント（TA）の制度が整備されています。日本でTAが制度として普及したのは1992年以降であり、比較的新しい制度です。TAを活用した授業では、学生に対するきめ細かい指導が可能となり、授業中の意見が活発になったり、教育機器や実験・実習の準備・操作が円滑になるという効果が認められています。また、学生側も、討論・発表の機会が増え、授業への質問がしやすくなる効果を認めています（小笠原ほか2006）。

　一方で、教員がTA活用の明確な方針をもたないままTAを採用することで、教員・TA間やTA・学生間で問題が生じることもあります。たとえば、明確な採点方針を示さないまま学生のレポートを採点させ、成績評価をめぐるトラブルになることがあります。また、議論の進め方や議論の論点をTAに示さないまま学生との議論に参加させると、教員の期待と異なる発言を行うこともあります。

　TAとともに授業を行う場合は、授業の設計段階から期待する役割を明確にしておき、授業開始までに打ち合わせの機会を設けて伝達しておきます。

4.2 教育者として育成の機会を設ける

　大学院生にとってTAは、教える側の立場を経験できる貴重な機会です。大学院生にとって人を指導する経験は、将来の大学教員に求められる能力の育成につながるだけでなく、卒業後の企業や行政といった組織においても応用可能な能力の育成につながります。

　また、TAは授業に新しい視点をもたらす存在です。長年同じ授業を担当している教員が気づかないことでも、TAであれば気づくことがあります。毎回の授業の終了後や学期末にTAと授業の改善点を振り返る機会をもつようにするとよいでしょう。教員に対して授業改善のためのコメントを行うことは、TA自身の教育力や批判的思考力の向上にも役立ちます。

　TAが授業を通じて成長するために教員が配慮すべきこととして、一般に表37で示したことがあります。

表37　TAを成長させるために教員が配慮すべき事項

1. オリエンテーションを行う	初回の授業日までにTAと面談をします。授業の目標や授業の計画を説明し「なぜこの授業にTAが必要なのか」「TAのあなたに何を期待しているか」を説明します。また、過去のTAの活動内容を紹介したり、先輩TAを紹介して話をするようアドバイスすることもできます。
2. 授業内容の理解を促す	TAは学生から質問を受けることがありますが、授業内容の知識が足りないために答えられないということも多く発生します。TAに授業内容を十分理解してもらうよう、教員は毎回の授業の数日前には、進行手順や実験手順を伝えたり、練習問題・予習課題や読むべき文献を渡しておき、質問に備えるよう指導しましょう。
3. 職務を明確に指示する	TAの労働時間は限定されていることが多い一方、TAの中には善意で労働時間外に学生指導に対応しているケースもあります。教員は、主な従事時間が授業時間中か授業時間外か、内容は実験補助なのか、採点補助なのか、グループ討論のファシリテーターなのかなど、教員が求める主たる職務を明確にTAに示しましょう。
4. 受講生にTAを紹介する	初回の授業で学生にTAを紹介するとともに、毎回の授業でTAがどのように授業に関与するかを説明しましょう。教員・学生・TAの三者間でTAの位置づけが明確になり、TA自身も職務を自覚するとともに、授業に参加しやすくなります。また、学生もTAに何を期待できるのかを理解できます。教員は、毎回の授業で学生とTAが接する場面を積極的に設定し、学生がTAから学ぶ機会をつくるよう心掛けましょう。
5. 授業後に振り返りの機会をもつ	授業後はTA活動で優れた点を褒め、不適切な点や学生指導上の知識・技術不足は改善するよう指導しましょう。また、毎回の授業後に、TAの活動内容とその省察をごく簡単にまとめさせ、報告書として提出させてもよいでしょう。報告書によってTAの活動が客観化できるうえ、次年度以降のTAの参考資料にもなります。
6. 評価に関わらせる場合は入念に指導する	TAは評価活動に関わることに、強い緊張と不安を感じます。評価基準が不明確なほど、その傾向は高まります。TAを評価活動に関わらせる場合は、評価基準の明確化、手順や方法の標準化を行い、最終的な責任が教員にあることを伝えたうえで従事させます。また、評価に必要な知識や技能を備えているかを教員が口頭試問などで確認しましょう。

出所　三重大学高等教育創造開発センター(2007b)pp.7-8を参考に作成

4.3　役割を明確に設定する

　TAを雇用する際は、TAの役割を明確にし、初回の授業開始前までに打ち合わせを行って伝達しておきます。TAの役割として配付物の印刷、学生の出席管理、提出物の回収など、教員の支援を依頼するケースもあります。しかし、TAは授業で設定された目標を学生が達成するための支援を行う教育支援者です。学生の学習の支援者という視点で考えると、ほかにもさまざまな役割を担ってもらうことが可能です。表38は、代表的なTAの役割をまとめたものです。このうち、学生への指導という役割はもっと活用されてもよいでしょう。

表38　代表的なTAの役割

	学生への指導	教員の支援
少人数授業	・学生の議論を観察して、活性化が必要な場面に介入し、問いかけ、事例の提示、反例の提示、批判的な意見の提示などを行う。	・教員が事前に示した採点基準に沿って、試験やレポートの採点を行う。
多人数授業	・20分程度の学生へのミニ講義を行う。 ・学生のレポート作成の個人指導を行う。	・資料の配付や課題の回収などを行う。
実験授業	・実験のデモンストレーションを行う。 ・実験レポート作成の個別相談に応じる。	・実験運営の準備を行う(器具や試薬の補充、ゴミや廃液の処理など)。 ・授業中の安全管理を行う(緊急時の対応、避難誘導、けが人の搬送など)。
語学授業	・授業中の発音指導。	・試験の原案作成と採点の補助を行う。
論文指導	・アウトライン作成における助言やドラフトに対するコメントを付す。	・教員が設定した評価基準に沿って論文の評価やコメントのフィードバックを行う。

出所　小笠原ほか(2006)pp.86-140を参考に作成

　一方で、TAがしてはいけないことも教員が明確に伝えておく必要があります。一般的なTAの心得としては、人権の尊重、適切な服装と身だしなみ、丁寧な言葉遣い、学生の個人情報の守秘義務、ハラスメント行為の禁止などがあります。これ以外に、授業の内容や形態に応じて、最終的な成績評価に関わる活動は行わない、不正行為を見つけた際は自分で対応せずに教員に伝えるなどの独自のルールを設定します。

　また、TAは授業時間ごとに勤務時間が決められている場合がほとんどです。授業時間中の活動と授業時間外の活動の両方を役割として設定するのは、明らかに過剰労働です。そのような場合であっても、大学院生は教員に対して意見をしにくい立場にあります。教員は、学生の学習支援の中で最も重要な活動を特定して、TAの労働時間を厳密に管理しましょう。また、契約時間以外の勤務がないかどうかを時々確認するようにしましょう。教員の意図しないところで、そのようなことが発生している可能性もあります。

12章

研究指導を設計する

1 研究活動の指導方針を決める

1.1 重要な教育活動

　ゼミや研究室での学生指導は、講義や実習などの授業に加え、多くの教員にとって重要な教育活動です。その理由は大きく二つあげられます。一つは、高学年次を対象とした、カリキュラムの終盤における、総括的で中核的な教育である点です。たとえば、卒業研究は、それを通してディプロマポリシーや大学・学部の人材養成目標の到達を期待されている科目と言えます。卒業研究指導が、カリキュラムの中で在学中の学習成果に最も大きな影響を与えることは、世界的に見ても共通に認識されています(Economic and Social Research Council 1991)。

　もう一つは、学生の複合領域的な能力を個別あるいは少人数で指導する教育である点です。教員と学生の距離が近い環境での学習は、認知面での成長に加えて、意欲・態度面でも学生が大きく成長する機会となり得ます。

　こうした重要性にもかかわらず、ゼミや卒業研究指導の設計は、あまり注目されてきませんでした。教員の多くは、自らが学生時代に受けた研究指導の経験に基づき、それを踏襲したり修正を加えて、指導しているでしょう。しかし、他の授業設計と同様に授業設計の考え方を取り入れることで、多くの学生をより高い成果へ、効率的な方法で到達させることができます。

1.2 研究指導科目の特徴

　上で見たように、研究指導科目の特徴は、専門分野を深く学ぶと同時に、人間的に成長することが期待されている点にあります。研究指導科目は、

学生の状況や人材育成目標によって多様であるため、一般化して定義することは困難ですが、次のような特徴を含んでいます(Race 2007)。

実践から学ぶ
　学習したことを活用して実際に何かを行うタイプの学習機会である。

学生が自ら取り組む
　教員は学生が「やればできる」という達成感や自信を身につけることを支援する役割を担う。

学生はフィードバックから学ぶ
　卒業研究を進める中で教員や他の学生からコメントをもらうことで、文献を読む学習とは異なるスタイルの学習の有用性を実感する。

本質をつかむ学習
　学生は取り組んでいる学習の内容を端的に要約したり、短い言葉で表したりする経験を通じて、物事の本質をつかむ力を高める。

質問力の向上
　学生は多人数の授業ではしにくい、教員や他の学生に質問する経験を通じて、質問によって議論や学習の質を高める方法を獲得する。

教員が学生を理解する
　教員にとっては、自分が教える分野の学習において、学生がどの部分につまづきやすいのか、どのような学習に困難を感じているかを詳しく知る機会となる。

　これらの特徴からわかるように、研究指導科目は目標に特徴があるというよりも、その学習プロセスに特徴があると言えます。研究指導の設計では、上のような学習に学生を巻き込めるように課題やスケジュールを決めます。

1.3　研究指導の基本となる型

　研究指導科目は、到達する目標、学生の学習歴、1人の教員が担当する学生数、配当される単位数などは大学によって多様です。同じ大学内でも学部間で多様であることもあり、設計方法を一般化することには難しい面がありますが、大きく分けると三つの基本的な型があります(Lee 2007)。
　どの型も、研究指導が学生の進捗状況と目標とを照らし合わせてフィードバックを与える点で共通しています。大学の目標や学生の特徴に合わせ

て、下記の三つの型を基本としながら教員の役割の重点を変えるようにして設計します。

1 ｜プロジェクトマネジメント型

　研究指導は、プロジェクトマネジメントと似ています。研究指導は、限られた資源と時間の中で、期限までに要求された目標に到達することです。このように考えると、研究指導の設計で重要なことは、どの頻度で個別の学生と会うのか、学生の状況をどう把握するか、書いたものにいつフィードバックするのか、予定通りに進まないときにどう対処するか、成果をどのように評価するかといったことになります。たとえば、どの頻度で会うかという点でも、担当する人数が異なると個別面談の時間数は変わります。効率的な指導のためには、1回の授業の進め方、個別面談時間、学生が事前に準備する内容を、初回の授業で学生に周知しておく必要があります。

2 ｜コーチング型

　卒業研究のような学習では、学生の心理的な状態が、目標の到達を大きく左右します (Wisker et al. 2003)。そこで研究指導の場をコーチングの場と捉え、学生の相談相手やカウンセラーとしての役割を重視したモデルがあります。このモデルでは教員の役割を、学生を励まし、必要な資源を与え、求めに応じてアドバイスをする存在と考えます。画期的でパラダイム転換が起こるような研究成果を生み出してきた研究指導のモデルの多くは、このコーチング型であるという指摘もあります。

　ただし、学生との良好な人間関係の維持は、モチベーションの維持において重要である一方、高い学習成果に到達することを保証するものではないという批判もあります。

3 ｜ソクラテス型

　研究指導の目的の一つは、学術の分野や社会において有益で価値ある知識の提供に、学生を貢献させることです。そうした質の高い成果に至る過程では、さまざまな視点での批判を受けながら研究の価値を高めていきます。そこで研究指導の場を、批判を通じた学生の研究の質を高める場と捉え、教員や他の学生が次のような質問を行います。

- それはどういう意味なのか。
- その根拠は何か。
- どのような仮定を置いているのか。
- それが正しいとしたら、どのようなインプリケーションが得られるのか。
- それが正しいことは、どうすれば検証できるか。
- どのような例をあげられるか、どのようなデータをあげられるか。
- 反例があるが、どう対応するのか。

1.4 研究指導科目の設計

　研究指導も、通常の授業と同じように計画的なスケジュールのもとで進めましょう。複数の学生を同時に指導することになるため、効率的な研究指導科目の進め方を設計しておくとよいでしょう。下に示す方法は、代表的な研究指導科目の進め方です。

学生が5人以下の場合
　毎週、1～2名の担当者を決めておき、順番に進捗を発表する。1学期の間に2～3回の発表ができるよう、スケジュールを調整する。

学生が6～10人の場合
　毎回の授業で、学生が1人ずつ個別に準備した内容を発表する。学生の人数が多い場合は、1回の授業で複数人が発表することもある。この方法は、最初に発表する人と最後に発表する人の間に時間差ができ、無駄が多くなることもある。

学生が11～20人の場合
　学生を2～3人1組にして、事前にプレゼミを開いてもらう。授業では、各組から1人が、相談したいことや助けてほしいことを中心に発表し、相互にアドバイスを行う。

学生が21人以上の場合
　学生全体を二つのグループに分け、隔週でどちらかのグループの学生が、進捗の報告を行う。報告を短時間で終えられるよう、事前にグループ内で予備報告を行い、そこで解決できる問題は事前に解決してもらう。

　これ以外にも、就職活動や留学により研究指導科目が成立しない場合は、個別面談を原則とすることもできます。その場合には、当然ながら個別

の日程調整と面談に多くの労力を費やす必要が生じます。

2 研究指導を設計する

2.1 目標を学生と設定する

　研究指導科目の到達目標は、担当教員が異なっても一般的な目標は変わらないでしょう。以下の目標は、一般的な卒業研究指導の科目の目標を示したものです。

> この授業の目標は、各自の卒業論文を完成させることです。具体的には、既存の研究を調べて分析する能力、独自の課題を明確に設定できる能力、その課題に応える独自の研究を遂行する能力、研究成果を一定の文章として構成し、執筆する能力などの形成をめざし、卒業後も知的な意味で自立した人間として生きていく力量の獲得を目標とします。

> この授業では、環境問題など社会的な問題を解決するような技術に関する研究課題について、現状調査、立案、計画、実験、検証、考察を行い、研究課題を独力で解決できることを目標にします。また、卒業研究を通して、問題の自己解決能力、自己表現能力、人との協調性など、社会に要求される設計技術者としての必要な素養の獲得を目標にします。

　この目標は、成績評価基準や大まかな授業計画を考えられる程度に具体化された目標ですが、学生の個人的な関心を表したものではありません。卒業研究の特徴の一つは、個人の関心に基づく学習を進められる点にあります。そこで、一般的な目標を前提として、初回の授業では、学生と相談しながら個別目標を設定するようにします。卒業研究では、学生が教員の期待を大きく上回る成果を出すことがあります。学生がより高い目標を希望するなら、それを後押しする目標を、学生と相談しながら設定しましょう (Race 2007)。

2.2 専門分野に合わせる

　研究指導で学生と相談しながら目標を設定する場合に、大きく分けて三つの設定方法があります。一つ目は、学生の興味や問題意識に基づいて研

究課題を決める方法、二つ目は教員が具体的な研究課題を指示する方法、三つ目はこれら二つの方法を合わせた方法で、学生の関心を聞きながら教員が課題を提案したり、教員が示した複数の課題から学生が選ぶ方法があります (Lee 2007)。

　一つ目の学生中心の目標設定や課題設定を行う場合、教員の主な役割は、学習を進めるに十分な能力が学生にあるかを評価し、不足する場合に必要な支援を行う、ファシリテーターの役割になります。また、教員の専門分野と多少異なるテーマを学生が希望することもあります。その際にも、教員は積極的に専門外の知識を吸収し、学生に的確な支援を行う準備が必要です。

　二つ目の教員が研究課題を指示する方法も、カリキュラム上の目的や学生の状況によっては効果的な方法です。たとえば、研究活動のプロセスを経験することに十分な時間をかけたい場合や、フィールドワークや大規模実験のような時間がかかる手法を用いる場合は、学生にテーマの設定を委ねることによる時間のロスを避けることができます。この場合の教員の主な役割は、学生の進捗状況を把握し、予定した計画通りに調査や研究を終えられるよう必要な支援を行う監督者のような役割になります。

2.3　短い期間をかたまりにして計画を立てる

　卒業研究や卒業ゼミは、8週間や15週間の1学期間で終わるのではなく、多くの大学で1年間から2年間の長期間で学ぶカリキュラムを採用しています。長期間の学習では、いくつかの短い期間のかたまりをつくり、その期間内で達成すべき目標を明確にして取り組めるよう設計する必要があります。特に、重要な締め切りを確認し、学生がそれに合わせて学習活動を行うことができるような授業計画が必要です。大学によっては標準的な年間スケジュールを作成しています。多くの大学で使われている標準的なスケジュールをまとめると、表39のような年間計画になります。長くとも2か月を最小の単位として、論文提出までの段階を進めるように計画を立てましょう。

2.4　研究指導の実施方法を設計する

　それぞれの短い期間の中で、どのように指導を進めるかを設計するには大きく二つの方法があります。

表39　一般的な卒業論文のスケジュール

4月～6月	テーマ・課題の決定
6月～9月	調査・実験・文献レビューなど
10月上旬	論文草稿作成
11月末	中間報告
1月末	論文提出
2月上旬	発表会・審査会など
2月中旬	論文再提出・再発表など
2月下旬	論文製本・成績評価

1｜個別面談型で指導する

　これは学生が主体的に卒業研究を進められる場合に有効な方法です。学生が自らの課題の学習を進め、教員への報告や相談が必要になった場合に、教員に面談の予約を入れたり、授業での報告を申し出る方法です。一度の面談で1～3人程度の学生と面談します。面談を他の学生が見学する公開面談で研究指導授業をすることもできます。ただし、この方法は、学生が必要な学習を主体的に進められない場合は、スケジュールに深刻な遅れをもたらすことになります。

2｜グループ学習型で指導する

　これは、指導する学生を4～5人のグループにし、グループ内で毎週の進捗状況を報告し、他の学生からフィードバックを得る方法です。グループ学習については、他の学生へ質問すべき項目を提示したり、他の学生から得たコメントをまとめるワークシートを用意するなどして、進め方の標準的なモデルを示しておきます。教員は、クラス全体への指導をしながら、特に支援が必要な学生に注目して指導することができます。この方法は、すべての学生が同時進行で卒業研究を進めることができるため、学習のペースを維持できる長所があります。一方で、教員はすべての学生の進捗を点検してフィードバックを与える必要があり、指導の負担感が大きくなります。

3 学生が研究指導に期待すること

3.1 初期段階の指導

　一般に、ゼミや研究室において学生は教員からの指導を期待しています。その一方で、十分な指導をしてもらえていないと思う学生は、少なくないようです。そうした原因の一つに、指導の計画性の問題があります（フィリップス・ピュー 2010）。

　求められているのは、研究指導期間を最終的な論文提出から逆算していくつかの段階に分け、その段階に合った指導をしたり、遅れている場合に支援をすることです。特に学生が教員の指導を期待するのは、最初の研究テーマの決定の段階です。この時期は、教員から学生への働きかけをするようにします。具体的には次のようなことがあります。

・学生に個別に声をかけ、何か必要としているものがないかを確認する。
・学生に文献を読む課題を出す。その際に、学生の興味やテーマとどのような関係がありそうかを簡単に説明する。
・学生に文献を読む課題を出す際、できるだけ早く報告できるよう、面談の日時を決める。

3.2 定期的な教員との面談

　学生が十分な指導をしてもらえていないと思うもう一つの理由は、教員と面談をする機会の少なさです。教員側は、遠慮せずに相談に来たらよいと思っていて、それを学生に伝えていたとしても、学生側には大きな戸惑いがあるようです。演習授業で週に1回学生と会っていても、参加人数によってはすべての学生と話をすることが困難な場合もあります。

　そこで、学生には個別にオフィスアワーを指定し、定期的に面談することを提案しましょう。担当学生の人数によっては、3～4人を一度に面談してもよいでしょう。就職活動などで通常の授業に出席できない学生も、個別にオフィスアワーを設けることで対応できます。

　面談は、教員が学生に質問をすることが中心になります。卒業論文に関して困っていることはないか、どのような計画で今後の学習を進める予定かなど、学生の学習状況を把握するための質問をします。

13章

英語でシラバスを用意する

1 英文シラバスが求められる背景

1.1 教育情報の国外発信

　高等教育の国際化は世界的な潮流であり、今後一層の進展が見込まれます。その中心的な取り組みは、国外への学生の送り出しと国外からの学生の受け入れという学生の流動化です。世界的な学生獲得競争の中で、意欲と能力のある学生の受け入れを推進するために、英語による教育活動の情報発信が求められます。

　シラバスは大学の教育情報を構成する要素の一つであり、すでに国内向けには公開が原則となっています。しかし国外からは、日本の教育情報の発信が不十分であると見られており、学生の受け入れの支障となっています (Junor and Usher 2008)。今後は、英語での授業を担当していない、留学生の指導をしていないという状況にあっても、シラバスの英文表記と国外発信は多くの教員に必須の作業になるでしょう。

1.2 共同学位プログラムなどに備える

　学生の送り出しと受け入れを促進する枠組みとして、ジョイントディグリープログラムやダブルディグリープログラムの開設が進んでいます。前者は外国の大学と共同で単一の学位を授与するもの、後者は日本と外国の大学からそれぞれ学位を授与するものです。

　これらの共同学位プログラムでは、共同開設科目が置かれ、事前に大学間で授業内容、方法、使用する教材、成績評価の方法について調整を行うことになります。具体的には共同でシラバスを準備し、どちらかの大学の既存科目と重ならないよう新規の授業科目を設計することになります。シラ

バスの英文表記に対応しておくと、こうした共同学位プログラムの準備も効率的に行えます。

1.3　単位互換可能なシラバスを用意する

　日本の大学で学んだ留学生が、母国の大学で日本での修得単位を認定してもらう場合、事務担当者が履修科目のシラバス提出を求める場合があります。ここでも国内での単位互換と同様、シラバスの内容が不十分であるために読み替えができないと判断される場合があります。

　シラバスを英文で表記する際には、設定された単位数に相応しい学習量と学習成果を保証していることを示せるように留意します。特に到達目標、授業計画と授業時間外の学習活動は、内容の互換性や学習量を判断する重要な要素になるため、明確に示せるようにします。

2　シラバス作成に必要な用語と文型を理解する

2.1　日本語でのシラバスを充実させる

　日本語で担当していた授業を英語で教える場合、日本語で書かれたシラバスが手元にあるでしょう。日本語でも英語でも、シラバスに記述する内容の多くは共通しています。まず、日本語のシラバスを充実させることから始めましょう。日本語のシラバスに書いたものを英語で書き直すことが、英文でのシラバス作成の基本です。

2.2　シラバス英文表記の基本文型

　まずは、英文シラバスとしての最低限の質を担保する基本的な文型を覚えましょう。それを以下に示します。まずは、一文で必要最低限の記述ができるようにしましょう。各文型のアルファベットの部分に、担当授業で扱う重要な概念、キーワード、行動目標を表す動詞を入れることで、文章が完成します。

1｜授業の目的を示す基本文型

・This course introduces **A**, **B** and **C** to students taking this course.
・The aim of this course is to help students acquire **A**.
・This course deals with the **A**, **B** and **C**. It also enhances the development

of students' skill in **D**.

2 | 到達目標を示す基本文型

・At the end of the course、participants are expected to **A** …, **B** …, **C** ….
・The goals of this course are to **A** …, **B** …, **C** ….
・By the end of the course、students should be able to do the following:
  - **A**,
  - **B**,
  - **C**.

3 | 成績評価方法を示す基本文型

・Your overall grade in the class will be decided based on the following:
  - **A**,
  - **B**,
  - **C**.
・Your final grade will be calculated according to the following process: **A**, **B** and **C**.
・Grading will be decided based on **A**, **B**, and **C**.

2.3　到達目標を表現する

　学生が授業を通じて到達すべき目標には段階があります。教員の多くは、学生に単に知識を記憶する以上の成果を期待しているでしょう。また、ディプロマポリシーで示される人材像も、知識を活用して問題解決や新たな創造を行う水準を期待しています。

　英文でシラバスを書く際に、そうした到達目標の水準の違いを明確にするうえで、ブルームの教育目標分類が参考になります。到達目標を表す動詞から適切な表現を選ぶことで、学生が最終的にどのような知識やスキルを身につけることができるかを明確に示すことができます（表40）。

表40　到達目標を表現する動詞

認知的水準	定義	到達目標を表す動詞	英文シラバスでの目標の記述例
1: Knowledge（知識）	学習内容を思い出せる	list, recite, define, name, match, quote, recall, identify, label, recognize	By the end of this course, the student should be able to recite Newton's three laws of motion.
2: Comperehnsion（理解）	学習内容を理解していることを示せる	describe, explain, paraphrase, restate, give original examples of, summarize, interpret, discuss	By the end of this course, the student should be able to explain Newton's three laws of motion in his/her own words.
3: Application（応用）	学習内容を応用して問題解決できる	calculate, predict, apply, solve, illustrate, use, demonstrate, determine, model	By the end of this course, the student should be able to calculate the kinetic energy of a projectile.
4: Analysis（分析）	問題を要素に分解したり一般化の条件を示すことができる	classify, outline, break down, categorize, analyze, diagram, illustrate	By the end of this course, the student should be able to differentiate between potential and kinetic energy.
5: Synthesis（統合）	考えを統合して提案や問題解決できる	design, formulate, build, invent, create, compose, generate, derive, modify, develop	By the end of this section of the course, the student should be able to design an original homework problem dealing with the principle of conservation of energy.
6: Evaluation（評価）	基準や根拠に基づいて判断や意思決定できる	choose, support, relate, determine, defend, judge, grade, compare, contrast, argue, justify, support, convince, select, evaluate	By the end of the course, the student should be able to determine whether using conservation of energy or conservation of momentum would be more appropriate for solving a dynamics problem.

出所　University of North Carolina (2004)を参考に作成

2.4　授業の実施計画を示す

　英文表記のシラバスでも、毎回の授業の実施計画を示します。その際に、学生が授業時間外に取り組む学習の内容と学習量がわかるように記載します。たとえば、授業の日付、授業で扱うトピック、準備学習や提出物の準備などを分けて明記します。表41や表42のように、見出しをつけて示すか、表にまとめるとよいでしょう。

表41　見出しをつけて実施計画を示す例

Session 3 – September 20
Topics:
　　Conceptualizations of Positivism
　　Conceptualization of Social Construction
　　Conceptualizations of Postmodernism
　　Critical Theory and Critical Race Theory in the Study of Organizations
　　Feminist Theory in the Study of Organizations
Readings:
Journal article:
　　・Neumann, A. (1995). On the Making of Hard Times and Good Times: The social construction of resource stress. Journal of Higher Education, 66 (1), 3-31
Book chapters (instructor will supply via email):
　　・Hatch, M. J. (1997). Organization theory: Modern, symbolic, and postmodern perspectives. New York: Oxford University Press – chapter one and chapter two

出所　本書p.191より引用

表42　表にまとめて実施計画を示す例

Week	Topic	Readings / Assignments
1	Introduction: What is Economics?	Chapter 1
2	Principles of Economics (1)	Chapter 2; Articles 1-4
3	Principles of Economics (2)	Chapter 2; Articles 5-9
4	Thinking like an Economist	Chapter 3
5	EXAM #1	

2.5 授業の概要を英文で示す

到達目標とは別に授業の概要や目的を記述する必要がある場合は、表43に示す文型を用いて記述します。日本語のシラバスと同様に、授業科目のカリキュラム上の位置づけがわかるように記述します。

表43 授業の概要の基本文型

This course introduces A, B and C to students taking this course.	
この授業では救命処置におけるリスクマネジメント方針について学びます。	This course introduces the risk management principles of an Emergency Medical Services to students taking this course.
この授業では、計量生物学と生命情報学の基礎について学びます。	This course introduces the foundations of computational biology and bioinformatics to students taking this course.
この授業は、アカデミックライティング、APAスタイルの引用表記および研究方法の基礎について学びます。	This course introduces academic writing, APA citation style and the fundamentals of academic research to students taking this course.
The aim of this course is to help students acquire A.	
この授業の目的は、臨床神経学の基礎原理を理解することです。	The aim of this course is to help students acquire an understanding of the fundamental principles of clinical neurology.
この授業の目的は、大学での学習で高い成果を修めるうえで必須となる知識と能力を身につけることです。	The aim of this course is to help students acquire the necessary skills and knowledge needed to achieve a better performance in their university studies.
This course deals with the A, B and C. It also enhances the development of students' skill in D.	
この授業では、生命倫理の基本的な概念と原理を学びます。また、口頭発表および自律的な学習習慣のスキルの獲得も目指します。	This course deals with the basic concepts and principles of bioethics. It also enhances the development of students' skill in making oral presentation and self-regulated learning.
この授業では、有機化学の基礎、特に重合反応とそのメカニズムについて学びます。また、化学実験を行う能力の獲得にも重点を置いています。	This course deals with the basis of fundamental organic chemistry, with fundamental polymerization reactions and their mechanism. It also enhances the development of students' skill in carrying out a chemical experiment.
この授業では、微分方程式の基本的な考え方と原理について学びます。また、数値計算による微分方程式の近似解を求める力も育成します。	This course deals with the basic concepts and principles of elementary differential equations. It also enhances the development of students' skill in simple numerical method of solving differential equations.

出所　名古屋大学高等教育センター(2015) pp.1-2より引用

3 初回配付用シラバスを英文で準備する

3.1 記載が求められる項目

　初回配付用シラバスは、学生の学習支援に加えて、大学事務局で国外の大学との単位互換認定をする際の重要な資料となります。そのため、英文での記述の慣れ・不慣れにかかわらず、記載において留意すべき点がいくつかあります。具体的には、学生の到達目標（Specific Learning Outcomes）、授業中に取り組む課題や試験（Requeirements）と、毎回の学習内容とその準備学習（Course Schedule）を詳しく記述することです。授業中に取り組む課題や試験は、成績評価の基準と方法として示しても構いません。

　大学の事務局が単位互換を認定する際に、はじめに確認する項目は学生の到達目標です。互換しようとしている科目と到達目標が大きく異なっていたり、互換先の大学で必ず含めることを期待する目標が記載されていないと、単位が認定されない場合があります。

　次に重要な確認項目は、授業中の課題や毎回の学習内容と準備学習です。これらは、学習時間の確認に使用されます。たとえば、毎回の授業前にテキストの特定箇所を要約するなどの事前学習がある場合は、明示しておく方がよいでしょう。また、学期中や学期末の課題・発表・試験を課す場合は、その要件を明示しておきましょう。実践型の課題であれば評価の観点やルーブリック、試験であれば範囲と形態や模擬問題を示しておきます。これらの要件から、その準備に必要な学習時間を大まかに理解することができ、十分な学習を行ったことが確認されます。

　表44は、初回配付用シラバスに記載する標準的な項目を示したものです。これらは、日本語で作成する初回配付用シラバスに記載するものと同じです。

3.2 優れた例やテンプレートを使う

　こうした留意点に配慮して初回配付用シラバスを準備することは、多くの時間と労力を要します。そのため、担当する科目と関連したシラバスを参照したり、国外の大学で提供しているシラバス作成テンプレートを活用することで、留意点に配慮したシラバスを準備することができます。

　初回配付用シラバスは、受講者でなければ閲覧できませんが、自身のウェブサイトなどで公開している教員もいます。自分の専門分野に関連する教員が公開しているかを確認してみるとよいでしょう。また、留学経験

表44　初回配付用シラバスの記載項目

[Course Title]
[Semester/Year]
[Class Location]
[Class Meeting Time(s)]

Instructor: [Name]
Office Location: [Office, e-mail, phone]
Office Hours: [Schedule]

1. Course Description

2. Course Goals

3. Specific Learning Objectives

4. Pre-Requisites

5. Teaching Methods and Teaching Philosophy

6. Course Requirements
   (1) Class attendance and participation policy
   (2) Course readings: [Required text, Background readings]
   (3) Assignments

7. Grading Procedures

8. Tentative Course Schedule

Unit	Date	Topics or Activities	Learning Objectives	Assignments, Exams, or Readings

9. Additional Resource Readings

10. Academic Integrity

11. Accommodations for Students with Disabilities

のある教員であれば、留学中のシラバスを参照できます。留学経験がない教員の場合は、留学経験のある同僚教員に相談してみるとよいでしょう。

　一方、シラバスをオープンにする取り組みを利用することもできます。オープンコースウェア（OpenCourseWare：OCW）に取り組んでいる大学であれば、多くの専門分野のシラバスを参考にすることができます。マサチューセッツ工科大学、カリフォルニア大学、ユタ州立大学などが取り組んでいます。

第4部

授業設計のための資料

1 目標の表現方法

1.1 医学分野で用いられる目標を表す動詞

領域	動詞の例				
認知的領域	列挙する	述べる	記述する	説明する	区分する
	構成する	再構成する	計画する	見つける	予測する
	分類する	比較する	一般化する	類別する	配列する
	区別する	指摘する	関係づける	判断する	推論する
	選択する	同定する	測定する	分析する	判定する
	合成する	分離する	計算する	確認する	指示する
	検証する	結合する	決定する	収集する	賛同する
	対応する	選別する	仮説を立てる	批判する	評価する
	要約する	解釈する	描写する	叙述する	適用する
	対比する	使用する	識別する	応用する	
精神運動的領域	感じる	始める	模倣する	熟練する	工夫する
	実施する	創造する	解剖する	注射する	挿入する
	操作する	動かす	手術する	触れる	触診する
	打診する	聴診する	調べる	準備する	測定する
	走る	跳ぶ	投げる	反復する	打つ
	止める	入れる	防ぐ	かわす	持ち上げる
	引く	押す	倒す	反応する	削る
	切る	貼る	つなぐ	組み立てる	操作する
	調整する	混ぜる	配合する	書く	描く
	運転する	修理する			
情意的領域	尋ねる	助ける	討議する	受容する	協力する
	協調する	見せる	表現する	感じる	相談する
	参加する	反応する	応える	系統立てる	配慮する

出所　沖・田中(2006)を参考に作成

1.2 看護学分野で用いられる目標を表す動詞

領域	水準	動詞の例
認知的領域	知識	定義する　識別する　列挙する　命名する　想起する
	理解	～を用いて説明する　記述する　区別する　選択する　結論を述べる　理由を述べる　例を述べる　解釈を述べる
	応用	適用する　関連づける　用いる
	分析	分析する　比較する　対比する　識別する　見つけ出す　関連づける
	統合	構成する　計画する　開発する　総合する　つくり出す
	評価	承認する　批評する　評価する　判断する　アセスメントする
精神運動的領域	模倣	例にならう　模倣する
	巧妙化	手順に従う　手順に従って実践する　手順に基づいて実行する
	精密化	技能を演示する　正確に実施する
	分節化	正確かつ適切な時間内に実施する
	自然化	有能である　有能にやり遂げる　技能をケアに統合する
情意的領域	受け入れ	認める　気づきを示す
	反応	自発的に行動する　自発的に支持する　応答する　機会を求める
	価値づけ	承認する　参加する　尊重する　支持する　責任を負う　価値を認める
	組織化	賛成する　討議する　明言する　擁護する　見解を示す
	個性化	主張する　一貫性をもって活動する

出所　オーマン・ゲイバーソン（2001）p.13より引用

1.3 工学分野で用いられる目標を表す動詞

領域	動詞の例
認知的領域	計算する　解く　適用する　解析する 評価する　予測する　応用する　分析する 説明する　記述する　推論する　具体的に述べる 結論する　分類する　比較する　対比する 関係づける　指摘する　選択する　使用する
精神運動的領域	調査する　作成する　設計する　表現する　測定する 実施する　熟練する　工夫する　操作する　準備する
情意的領域	議論する　参加する　協調する　配慮する　感じる 助ける　相談する　寄与する　コミュニケートする

出所　芝浦工業大学(2015)より引用

1.4 新しく修正された認知的領域の目標水準に応じた行動目標の例

認知の水準	定義	行動目標の例
記憶する	長期的記憶から関連する情報を取り出せること。	思い出す　知っている　定義する　列挙する　選ぶ
理解する	口述や記述による説明から重要なものを取り出して意味を構築できること。	説明する　解釈する　例示する　分類する 要約する　比較する　言い換える　図示する
応用する	学習したことを別の状況の中で活用したり手順通りに行えること。	計算する　解く　適用する　援用する　描写する 操作する　予測する　関連づける　実演する
分析する	学習したことを要素に分解し、全体の中でどのような関係にあるかを判断できること。	区別する　分解する　比較する　分類する 図式化する　因果を説明する
評価する	基準に基づいて判断できること。	批評する　点検する　批判する　正当化する
創造する	学習した知識を新しいパターンや構造として再編できること。	生み出す　計画をたてる　製作する　再編成する 仮説を立てる　修正する

出所　Anderson et al.(2013)を参考に作成

上記の例(1.4)は、ブルームの目標水準分類が後に見直されたものです。知識の習得段階が、断片的な情報を知っている段階から知識の活用を経て、新しい知識を生み出す段階(創造する)としてまとめられています。

2　初回配付用シラバスの例

　ここでは実際のシラバスに基づいて作成された初回配付用シラバスの例を紹介します。

- 「産業教育論」
- 「大学組織論」
- 「ディジタル回路工学及び演習」
- 「微分積分および演習1」

2.1 「産業教育論」

産業教育論
職場における人材育成入門

Industrial Education
Introduction to Workplace Learning

シラバス

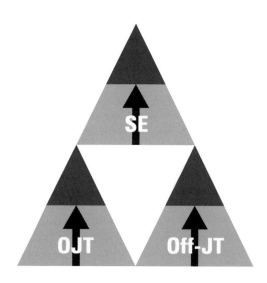

このシラバスは
佐藤浩章氏が2013年度に松山大学で行った授業で
使用したものに基づいて作成したものです

シラバスの例 「産業教育論」

産業教育論とは何か？

産業教育とは、学校教育、公共職業訓練機関、職場において実施される、産業・職業に関わる教育のことである。特定の職業において働くために必要な専門的知識・技能・態度のみならず、働くこと一般に関わる幅広い知識・技能・態度を含む教育内容を扱う。産業教育論とはこれらについて探究する学問である。

本授業では「職場における人材育成」に焦点を絞り、入門的な内容を学習する。本授業で皆さんと共有したい、探究すべき問い（コース・クエスチョン）は、「職場における人材育成において、どのようにしたら、効果的、効率的で、深い学びをもたらすことができるのか。その学びを通して、どのようにしたら、個人の自己実現と組織の目的達成を同時に可能とすることができるのか」というものである。

授業の目的

職場における教育担当者として、効果的、効率的に、深い学びを学習者に提供するために必要となる能力を身につける。

授業の到達目標

- ☐ 目標①　職場における自己啓発の進め方を説明できる。
- ☐ 目標②　職場におけるOff‐JTの進め方を説明できる。
- ☐ 目標③　職場における新人研修プログラムを作ることができる。
- ☐ 目標④　職場におけるOJTの進め方を説明できる。
- ☐ 目標⑤　職場で使いやすい業務マニュアルを作ることができる。
- ☐ 目標⑥　職場で求められるコミュニケーション能力を現状よりも向上させる。
- ☐ 目標⑦　モチベーションに関する持(自)論を説明できる。

教育方法

・皆さんは、本学の学生であると同時に、外食産業大手のサトウ・フーズワークス株式会社の人事部研修課員として、人材育成に関する知識とスキルを学習します（シミュレーション法）。9月入社の新人研修を担当することを想定し、これから7月まで人事部長の下で必要事項を学びます。
・最終的に提出しなければならないものは、9月に開店予定の新店舗における新人研修プログラムと業務マニュアルです（プロジェクト法）。これらの作成にあたって必要な知識は講義を通して伝えた上で、2回のテストで確認をします。
・各回の研修は、講義法、グループワーク、ゲストスピーカー等、職場内研修で実際に使用されている複数の各種技法を組み合わせて行われます。
・現在、職場で最も求められているコミュニケーション能力を向上させるために、4～5名でチームを組織し、受講生同士のコミュニケーションを盛り込んだ協同学習の形態をとります。期間中数回チーム替えを行います。
・自分で選択して提出することができるボーナス課題にチャレンジすることで、自分の能力をさらに伸ばしたり、欠席等で失ったポイントを回復することもできます。具体的には、レポート、クイズ、プレゼンなどが用意されています。

受講が推奨される人

- 将来、職場で人材育成や能力開発に関わる業務に就きたい人。人材育成業界で働きたい人。
- 現在もしくは将来、ゼミ・研究室、サークル、スポーツ、アルバイト先・職場において、人に教える立場にあり、より効果的に指導をしたいと考えている人。
- 就職活動中の人。就職活動をこれから始めようと思っている人。
- 人に教えることが得意だったり、好きな人(人を教える力をさらに伸ばすことができます)。
- 人に教えることが不得意だったり、面倒に感じている人(人を教える力を伸ばすことができます)。

スケジュールと各回の内容ダイジェスト

日時	内容	手法	授業外学習
オリエンテーション			
第1回 4/17前	【授業概要説明/事前テスト/アイスブレイク】授業の概要を学び、学習マップを理解する。授業を通して探究するコース・クエスチョンを理解する。人間関係構築のためのアイスブレイクの手法を学ぶ。	講義法 グループワーク	
第2回 4/17後	【職場内教育の3類型/事例研究:接客サービスの差】2つの企業内教育の事例を分析して、様々な職場内教育があることを理解する。職場内教育の3類型を学習する。(事例:東京ディズニーリゾート、JR西日本)	講義法 グループワーク	
第1部 自己啓発			
第3回 4/24前	【自己啓発の進め方①】自己啓発のステップのうち、理念設定・現実把握・目標設定までを学習する。ツールを使いながらの作業(ウィッシュリスト、自分史バイオリズム、人間関係マップ)を行う。	講義法 個人ワーク グループワーク	自己啓発プラン作成(希望者のみ)
第4回 4/24後	【自己啓発の進め方②】SPトランプを使用した自己分析(ニーズ分析)を行う。	講義法 グループワーク	
第5回 5/1前	【自己啓発の進め方③】自己啓発のステップのうち、目標設定、戦略立案、実施・評価までを学習する。先週立てた目標が達成されたかどうかを振り返る。ツールを使いながらの作業(未来年表)を行う。	講義法 個人ワーク グループワーク	自己啓発プラン作成(希望者のみ)
第6回 5/1後	【自己啓発の進め方④】ゲストスピーカーとして若年キャリア支援の担当者を招へいし、キャリア形成にあたっての自己啓発の意義について学習する。	ゲストスピーカー	ゲストスピーカーへの御礼状作成(希望者のみ)
第7回 5/8前	【自己啓発の進め方⑤】希望者による自己啓発プランの発表を行う。また、その評価の仕方について、実際に評価をしながら学習する。自己啓発を職場として支援するいくつかの方法を学習する(事例:4社の自己啓発支援)。	学生プレゼンテーション 講義法 グループワーク	ゲストスピーカーへの御礼状作成(希望者のみ)
第8回 5/8後	【自己啓発の進め方⑥】ゲストスピーカーとして元アスリートを招へいし、アスリートの自己啓発事例について学習する。	ゲストスピーカー	
第2部 Off-JT (Off- the Job Training)			
第9回 5/15前	【Off-JTの進め方①】若者を対象にした新入社員研修プログラムの事例を見ながら、効果的なプログラム立案方法を考える。新しいグループに分かれて作業を開始する。(事例:餃子の王将)	講義法 グループワーク	テスト予習
第10回 5/15後	【Off-JTの進め方②】実際に行われているOff-JTプログラムを体験する。最も一般的なコミュニケーションスキル研修を受講する。	教育ゲーム法	

シラバスの例 「産業教育論」

第11回 5/22前	【Off-JTの進め方③】 Off-JTのステップのうち、理念設定・現実把握・目標設定までを講義によって学習する。	講義法 グループワーク	プログラム作成 テスト予習
第12回 5/22後	【Off-JTの進め方④】 実際に行われているOff-JTプログラムを体験する。チームワークと議論における合意形成をトレーニングするプログラムを受講する。	教育ゲーム法	
第13回 5/29前	【Off-JTの進め方⑤】 Off-JTのステップのうち、計画立案・実施までを学習する。グループワークを通して、プログラムを実際に作成する。	講義法 グループワーク	プログラム一式提出 テスト予習
第14回 5/29後	【Off-JTの進め方⑥】 グループワークを通して、プログラムを完成させる。	グループワーク	
第15回 6/5前	【第1・2部確認テスト／中間の振り返り】 第1・2部で学習した内容に関するテストを受け、記憶に定着させる。テストの内容は、第9回に配付される。／前半部分の授業を振り返り、良い点と改善点を記述する。	テスト	
第16回 6/5後	【Off-JTの進め方⑦】 前半は、グループ毎にプログラムをポスターセッション形式で発表する。いくつかの事例について全体で詳細な分析を行う。新人研修評価のルーブリックを作成する。グループワークの振り返りを行う。	ポスターセッション 講義法 グループワーク	
中間の振り返り			
第17回 6/12前	【Off-JTの進め方⑧】 外食産業のトップクラスのサービスを誇る企業の職場内教育について、映像を通して学ぶ。	映像視聴	
第18回 6/12後	【受講生が企画する全体研修企画①】 第1部・2部で学習した内容を踏まえて、グループ毎に全体研修を企画する。後半でプレゼンを行う企画を選ぶ。	グループワーク	全体研修評価
第19回 6/19前	【受講生が企画する全体研修企画②】 第1部・2部で学習した内容を踏まえて、受講生が企画する全体研修を行う。また、その評価の仕方について、実際に評価をしながら学習する。	体験学習法	全体研修評価
第20回 6/19後	【受講生が企画する全体研修企画③】 第1部・2部で学習した内容を踏まえて、受講生が企画する全体研修を行う。また、その評価の仕方について、実際に評価をしながら学習する。	体験学習法	
第3部	**OJT(On the Job Training)**		
第21回 6/26前	【OJTの進め方①】 OJTのステップのうち、理念設定・現実把握・目標設定までを学習する。困った新入社員を事例にどのように後輩指導をしていけばよいのかを考える。(教育事例:サトウ・フーズワークス本部)	講義法 グループワーク	テスト予習
第22回 6/26後	【OJTの進め方②】 OJTのステップのうち、理念設定・現実把握・目標設定までを学習する。困った新入社員を事例にどのように後輩指導をしていけばよいのかを考える。(教育事例:サトウ・フーズワークス本部,トヨタ社)	講義法 グループワーク	
第23回 7/3前	【OJTの進め方③】 OJTのステップのうち、戦略立案・実施・評価までを学習する。行動科学に基づいた指導方法を学習する。	講義法 グループワーク	テスト予習
第24回 7/3後	【OJTの進め方④】 後輩・部下のやる気を高めるために、経営学や心理学で扱われる動機づけ(モチベーション)理論を学習する。	講義法 グループワーク	

第25回 7/10前	【OJTの進め方⑤】 OJTの実施場面で有効なコーチングの基礎的知識を学ぶ。スキルを身につけるために、グループワーク（フィッシュボール）を行い、技術を定着させる。	講義法 グループワーク フィッシュボール	テスト予習
第26回 7/10後	【OJTの進め方⑥】 再度グループワーク（フィッシュボール）を行い、コーチングの技術を定着させる。OJTの実施場面で有効な叱り方のコツを学ぶ。スキルを身につけるために、ロールプレイを行い、技術を定着させる。	講義法 グループワーク フィッシュボール ロールプレイ	
第27回 7/17前	【第3部確認テスト】 第3部の内容に関するテストを受け、記憶に定着させる。テストの内容は、第21回に配付される。（事例：サトウ・フーズワークス本部）	テスト	マニュアル作成の練習
第28回 7/17後	【OJTの進め方⑦】 OJTを進める際に便利なチェックリストとマニュアルの作成手順について学習し、実際に作成してみる。	講義法 グループワーク	
まとめと最終の振り返り			
第29回 7/24前	【授業のまとめと最終の振り返り／授業評価アンケート】 これまでの授業全体を要約し、振り返り、記憶に定着させる。本授業の評価を行う。	講義法 グループワーク	
第30回 7/24後	【業務マニュアル作成】 第28回で学習した業務マニュアル作成法を使って、実際にマニュアルを完成させる。	個人ワーク	

成績評価方法

以下の6つの項目での評点合計が60ポイント以上の学生を評価対象とします（下記項目で満点を得ると、95ポイントを獲得できます）。

1.第1部＋第2部確認テスト………20p.（個人課題）（授業の到達目標①、②に対応）

2.第3部確認テスト………15p.（個人課題）（授業の到達目標④に対応）
各部で扱った内容の中から、重要なキーワードの説明、応用問題が出題されます。第9回、第21回においてテストが配付されるので内容を事前に予習すること。

3.新人研修プログラム一式………10p.（グループ課題）（授業の到達目標③に対応）
第2部の授業を通して、グループ毎に、新人研修プログラムに関する資料一式（実施要領、研修スケジュール）を提出して下さい。新人研修プログラムは、グループ課題であり、同グループメンバーには同評価がつけられます。

4.グループワークの相互評価………5p.（個人課題）（授業の到達目標⑥に対応）
第2部、3部のグループワークに積極的に取り組んだかどうかを最終日に受講生同士で評価します。相互に評価する際の指標は以下に示す。

5.マニュアル………10p.（個人課題）（授業の到達目標⑤に対応）
第28回で学習する業務マニュアルの作成方法に従って、第30回に作成します。

6. 研修企画・運営「サトウ・フーズワークス人事課全体研修」評価シート
　　　　　　　　　　　　　　　　　　………5p.（グループ課題）（授業の到達目標③⑥に対応）
第19回、20回に開催されるサトウ・フーズワークス人事課全体研修（40分）の企画・運営を行う。目的は課員同士のコミュニケーションを高めることにある。評価シートの基準で評価される。

7. シャトルカードコメント記入………30p.（1p.×30回）（個人課題）
毎回授業終了後に学びの振り返りを行う時間をとります。振り返った内容をシャトルカードに記入して提出してもらいます。

・評定合計を右記基準で判断する。(S:90-100p. A:80-89p. B:70-79p. C:60-69p. X:59p.以下)
・適宜ボーナスポイント課題が提示されるので、欠席した場合や、もっと能力を高めたい場合は活用すること（クラブ活動、就職活動、体調等が理由で、欠席が予想される場合は特に推奨する）。

受講のルール

・授業中に、携帯電話・メールは使用しないでください。マナーモードにしてください。卓上にも置かず、バッグ等に閉まってください。理由は、学習に集中してもらうためです。授業中の課題を遂行するために必要な場合、各種障害の補助のために使用を希望する場合は申し出てください。
・バッグ等は膝の上に抱えず、床に置くか、机や椅子にかけてください。
・許可された場合以外に、授業中の食事はしないでください。飲料は飲んでも構いません。
・欠席者分の配付資料は保管しません。欠席時は、クラスメートにコピーさせてもらってください。

欠席のルール

・授業を欠席すると4ポイント減点です（公欠であっても減点になります）。
・公欠は右記の理由のみです。①忌引き（2親等以内）　②教育実習等　③健康文化科目等の授業等　④就職試験　⑤自治会活動　⑥感染症　⑦自然災害等
・公欠以外の理由で11回以上の欠席の場合は単位を出せません。いかなる理由であれ16回以上の欠席の場合は単位を出せません。
・ペア・グループワークに参加しない者（睡眠・討論をしない等）は欠席とみなします。対面でのコミュニケーション能力の向上を到達目標としているからです。
・授業開始直後に名前を読み上げて、出席確認をします。その場にいなければ欠席扱いとなり、減点となります。本授業において「遅刻」は存在しません。
・公欠で、テストが受講できないことが事前にわかっている場合は連絡すること。代替措置があります。

教科書と学習道具

シラバスを毎回持参すること。また、毎回、授業開始時に資料を配付するので、A4サイズのバインダー等、資料を整理するための文具を用意するとよい。また板書することがあるので、ノートかルーズリーフを用意しておくこと。三色ボールペンや蛍光マーカーがあると効果的にノートを整理することができる。

参考書

『**きほんからわかるモチベーション理論**』　池田光編／イースト・プレス／**1,333円**
理論をわかりやすく説明した良書。実践家によって書かれているため、平易な記述であるが、基本となる11のモチベーション理論はよく出てくるものであり、これが頭に入っていれば実践家としては十分。

『**社内インストラクター入門**』　日本能率協会マネジメントセンター／**2,000円**
社内インストラクターを目指すものであれば手元に置いておくべき良書。役割、心構えから、話し方、レッスンプランの作成、評価までひととおり必要なものが無駄なく書かれている。

『**働くみんなのモチベーション論**』　金井壽宏／NTT出版／**1,800円**
経営学者によって書かれたモチベーション論。いつでも自分の「意欲」をコントロールできるようになるための、モチベーションに関する「持論」を持つことを目標に書かれた本。

『**企業内人材育成入門**』　中原淳編／ダイヤモンド社／**2,000円**
人材育成に関わる場合に知っておくべき、最先端の学術的理論について学べる。自らの実践を整理したい、授業で学習した内容をより根拠をもって学びたい場合に有効。研究者によって書かれており、ノウハウ本ではないので、読むのは大変かもしれないが、チャレンジする価値はある。

授業担当者自己紹介

担当者略歴
佐藤浩章 (Hiroaki SATO)
（略）

研究領域
教育学（高等教育開発、職業教育学）

好きなもの・こと
尺八演奏／美味しい料理とお酒（お酒に合う料理を作ります）

コンタクト方法

・オフィスアワーは水曜日のお昼休みです。基本的には研究室にいます。質問・相談を受け付けます。
・毎回のシャトルカードを活用して下さい。
・各種連絡はメールで。メールアドレス：（略）

メッセージ

産業教育論へようこそ！　この授業は、「人を育てる人」を育てる授業です。楽しく学びながらも、力がしっかりつく授業を目指しています。今までの大学の授業観が変わるような授業にしたいと思います。最後までリタイヤせずに続けてください。達成感と成長感を持って授業を終えることを約束します。

シラバスの例 「産業教育論」

ボーナスポイント課題一覧

下記ボーナスポイント課題のうちAからDは2つまでしか選択できません。

BP課題A.【レポート】「自己分析：自分の強みと弱み」(10ポイント満点)（授業の到達目標①に対応）

自己啓発において、自己分析は重要なステップである。授業で習ったツール（もしくはそれに類するもの）を1つ使って、①自己分析を行い、その結果として、②自分の強みと弱みをまとめなさい。その際、それらを裏付ける具体的なエピソードを必ず添えること。また③強みを伸ばし、弱みを補強するためにはどのような自己啓発が今後必要となるかについても必ず記述すること。(1,600字程度、メールで提出すること。締切り：6月19日23時59分、メールタイトル：産業教育論ボーナスポイント課題提出、ワードファイルタイトル：自分の氏名A)

BP課題B.【レポート】「組織内教育の提案」………(10ポイント満点)（目標②に対応）

あなたが所属している組織（バイト先、サークル、ゼミ等）において、①どのような問題点があり、②その問題点を解決するために、どのような研修(Off-JT)を行ったらよいか（目標、手法、評価方法）について提案しなさい。(1,600字程度、メールで提出すること。締切り：6月19日23時59分、メールタイトル：産業教育論ボーナスポイント課題提出、ワードファイルタイトル：自分の氏名B)

BP課題C.【レポート】「職場内教育の優良事例分析」………(15ポイント満点)（目標②に対応）

国内外の職場内教育の優良事例の中から、1事例を選択し、どのような特徴があるのか紹介しなさい。参考文献を3点以上必ず引用すること（そのうち1点以上は書籍を使うこと。インターネットのみの情報は認めない）。事例は、トヨタ、リクルート、東京ディズニーリゾート、マクドナルド、リッツカールトンから選択すること。それ以外の事例の場合は事前に相談すること。(1,600字程度、メールで提出すること。締切り：6月19日23時59分、メールタイトル：産業教育論ボーナスポイント課題提出、ワードファイルタイトル：自分の氏名C)

BP課題D.【プレゼンテーション】「自己啓発プラン」………(3-9ポイント満点)（目標⑤に対応）

3分以内であなたの自己啓発プランをプレゼンしなさい。パワーポイント等は使わずに、口頭のみで発表すること。内容には、下記の4点を含めること。審査員（人事部長、人事課員）が支援割合を決定する。その割合に応じて、ポイントが加算される。（エントリー締め切り：第6回）
① 願望（ウィッシュ）　（例：将来、企業して自分の会社を持ちたい）
② 目標　（例：2018年までに米国の大学院でMBAを取得する）
③ 支援してほしい事柄　（例：留学費用の100万円）
④ 自己支援の成果がいかにわが社に還元されるのか（例：MBA取得で培った知識と技術により、将来独立する能力を身につけると同時に、わが社の経営を全面的に効率的、効果的なものに見直すための能力が身につく）
　　　　　　　　　ポイント数(0%支援…3ポイント、50%支援…6ポイント、100%支援…9ポイント)

BP課題E.【プレゼンテーション】「1分プレゼン」………(2ポイント満点)（目標⑤に対応）

1分間壇上でプレゼンテーションを行う。内容は、自分の好きなもの・こと、職場・サークル、自分自身何でも構わない。2回までチャレンジできる。(9回目以降随時、29回目の授業まで。実施の前週のリフレクションシートでエントリーする。)

BP課題F.【グループワークリーダー】………(4ポイント満点)（目標⑥に対応）

第2、3部のグループワークリーダーをつとめることで、ポイントがつく。ただし最終日のグループワークの振り返り時に、メンバーから不満が出た場合、そのポイント数が減点される可能性がある。（エントリー締め切り：第8回）

BP課題A　レポート「自己分析：自分の強みと弱み」評価シート　　　　　　　　　　（10ポイント満点）

自己啓発において、自己分析は重要なステップである。授業で習ったツール（もしくはそれに類するもの）のうちから1つを使って、①自己分析を行い、その結果として、②自分の強みと弱みをまとめなさい。その際、それらを裏付ける具体的なエピソードを必ず添えること。また③強みを伸ばし、弱みを補強するためにはどのような自己啓発が今後必要となるかについても記述すること。(1,600字程度、メールで提出すること。締切り:6月19日23時59分)

	素晴らしい！(2ポイント)	もう少し！(1ポイント)	残念 (0ポイント)
①現状分析	自らの強みと弱みについて、授業で紹介したツールもしくはそれに類するものを使った分析がなされている。	自らの強みと弱みについて、個人の主観による分析がなされている。	求められている内容が理解できていない。
②証拠のある記述	強みと弱みを裏付ける複数のエピソードは、過去の出来事、他者からのコメント、データに基づいており説得力がある。	強みと弱みを裏付けるエピソードは、主観的なものが多く、客観性にやや欠ける。	具体的なエピソードが記述されていない。
③目標の明示	今後必要となる自己啓発について、具体的で、測定可能な目標が設定されている。	今後必要となる自己啓発について、曖昧な目標が設定されている。	今後必要となる自己啓発について、目標が設定されていない。
④手法の選択	今後必要となる自己啓発について、具体的で、適切な手法が記載されている。	今後必要となる自己啓発について、手法が記載されているが、具体的でないか、適切でない。	今後必要となる自己啓発について、手法が記載されていない。
⑤文章構成 (×1/2)	文章は論理的な順序で記述され、読者は内容を容易に理解することができる。	文章は論理的な順序で記述されていないところがあり、内容を理解するのは不可能ではないにせよ、読みにくい。	論理的な順序で組み立てられた文章ではないので、読者はその内容を理解できない。
⑥日本語 (×1/2)	漢字や文法上（改行の仕方など）の誤りがない。	漢字や文法上（改行の仕方など）の誤りは4個以内である。	漢字や文法上（改行の仕方など）の誤りは5個以上ある。

あなたの取得ポイント数（　　　　　）

BP課題B　レポート「組織内研修の提案」評価シート　　　　　　　　　　　　　　　　　　　　　（10ポイント満点）

あなたが所属している組織（バイト先、サークル、ゼミ等）において、①どのような問題点があり、②その問題点を解決するために、どのような研修（Off-JT）を行ったらよいか（目標、手法、評価方法）について提案しなさい。（1,600字程度、メールで提出すること。締切り：6月19日23時59分）

	素晴らしい！（2ポイント）	もう少し！（1ポイント）	残念（0ポイント）
①証拠のある記述	組織の現状分析は、よく観察された客観的なデータ・記述に基づいている。	組織の現状分析は、主観的で感情的なエピソードに基づいている。	組織の現状分析は証拠に基づいていない。
②目標の明示	問題解決をするための組織内研修について、具体的で、測定可能な目標が設定されている。	問題解決をするための組織内研修について、目標が設定されているが、曖昧である。	問題解決をするための組織内研修について、目標が設定されていない。
③手法の選択	問題解決をするための組織内研修について、具体的で、適切な手法が記載されている。	問題解決をするための組織内研修について、手法が記載されているが、具体的でないか、適切でない。	問題解決をするための組織内研修について、手法が記載されていない。
④評価法の選択	目標が達成されたかどうかを測定するための適切な評価方法が記載されている。	目標が達成されたかどうかを測定するための評価方法は記載されているものの、適切な評価方法ではない。	目標が達成されたかどうかを測定するための評価方法が記載されていない。
⑤文章構成（×1/2）	文章は論理的な順序で記述され、読者は内容を容易に理解することができる。	文章は論理的な順序で記述されていないところがあり、内容を理解するのは不可能ではないにせよ、読みにくい。	論理的な順序で組み立てられた文章ではないので、読者はその内容を理解できない。
⑥日本語（×1/2）	漢字や文法上（改行の仕方など）の誤りがない。	漢字や文法上（改行の仕方など）の誤りは4個以内である。	漢字や文法上（改行の仕方など）の誤りは5個以上ある。

あなたの取得ポイント数（　　　　）

BP課題C　レポート「職場内教育の優良事例分析」評価シート　　　　（15ポイント満点）

国内外の職場内教育の優良事例の中から、1事例を選択し、どのような特徴があるのか紹介しなさい。参考文献を3点以上必ず引用すること(そのうち1点以上は書籍を使うこと。インターネットのみの情報は認めない)。その特徴に対するあなたの評価もあわせて書きなさい。事例は、トヨタ、リクルート、東京ディズニーリゾート、マクドナルド、リッツカールトンから選択すること。それ以外の事例の場合は事前に相談すること。(1,600字程度、メールで提出すること。締切り:6月19日23時59分)

	素晴らしい!(3ポイント)	もう少し!(2ポイント)	残念(0ポイント)
①参考文献	関連する3点以上の参考文献を適切に引用している。	関連する1点以上の参考文献を適切に引用している。	参考文献を引用していない。
②要約	職場内教育事例の特徴が明確に要約されている。	職場内教育事例の特徴が記述されているが、うまく要約されていない。	当該職場内教育の特徴の記述は、要点を欠いている。
③意見	職場内教育事例の特徴に対して、良い点を的確に指摘していると同時に、批判的に事例を分析することもできている。	職場内教育事例の特徴に対して、良い点を的確に指摘しているが、批判的に事例を分析することができていない。	職場内教育事例の特徴に対して、自分なりの分析をし、意見を述べることができておらず、集めた情報をまとめただけである。
④文章構成／文のつながり	文章は論理的な順序で記述され、読者は内容を容易に理解することができる。文献から集めた情報を、完璧に円滑につなぐことができている。	文章は論理的な順序で記述されていないところがあり、内容を理解するのは不可能ではないにせよ、読みにくい。文献から集めた情報を円滑につないでいるが、一部うまくつながっていない箇所がある。	論理的な順序で組み立てられた文章ではないので、その内容を理解するのに苦労する。文献から集めた情報を羅列しているだけであり、それぞれがつながっていない。
⑤日本語	漢字や文法上(改行の仕方など)の誤りがない。	漢字や文法上(改行の仕方など)の誤りは4個以内である。	漢字や文法上(改行の仕方など)の誤りは5個以上ある。

あなたの取得ポイント数(　　　　　)

2.2 「大学組織論」

大学組織論
大学経営とリーダーシップ

シラバス

このシラバスは
中井俊樹氏が2006年度に名古屋大学で行った授業で
使用したものに基づいて作成したものです

授業の概要

大学という組織は、どのような論理で動いているのでしょうか。大学で構成員の協働が有効に行なわれるには、どのような条件や働きかけが必要なのでしょうか。これまで高等教育研究において、大学組織のダイナミクスを説明する理論が作られてきました。この授業では、組織理論と事例を通して、大学の組織の論理をより理解し、実際の組織運営に応用する力を身につけることを目指します。

授業の目標

この授業が終了したときに、受講者のみなさんが以下のような知識や能力を身につけることを目標にします。

・大学の組織的特徴を理解し、自分の言葉でまとめられるようになる。
・大学組織のダイナミクスを説明する5つの組織理論を理解し、それぞれの違いを説明できるようになる。
・5つの組織理論を用いて、実際の組織運営に応用・分析することができる。
・大学の組織の管理運営に関する主要な論点を理解し整理できる。
・大学組織に関する多様な考え方や経験で培った事例を尊重し、共に学びあう雰囲気に貢献する。

この授業で大事にしている問い

・大学組織は他の組織とどのような点で異なるのか
・大学組織はどのような論理で動いているのか
・個々の教職員はどのような力によって動いているのか
・大学の構成員はどのような組織風土を大切にしているのか
・大学では誰が実質的に意思決定しているのか
・大学ではどのようなリーダーシップが有効なのか
・近年の大学改革は大学の組織の論理をどのように変えているのか
・日本の大学組織は、海外の大学組織とどのような点で異なるのか
・大学の組織論において何が重要な論点なのか
・大学の組織に関してこれまで何が明らかにされ、また何が明らかにされていないのか
・実際の組織の事例から何を学ぶことができるのか
・大学組織に関する知見は、どのように実践に活用できるのか

教科書

ロバート・バーンバウム(高橋靖直訳)(1992)『大学経営とリーダーシップ』玉川大学出版部

その他の参考文献

有本章・羽田貴史・山野井敦徳(2005)『高等教育概論』ミネルヴァ書房.

伊丹敬之・加護野忠男（1993）『ゼミナール経営学入門』日本経済新聞社．
江原武一・杉本均編（2005）『大学の管理運営改革―日本の行方と諸外国の動向』東信堂．
桑田耕太郎・田尾雅夫（1998）『組織論』有斐閣．
日本私立大学協会編（1998）『米国の大学経営戦略』学法文化センター出版部．
日本経済新聞社（2002）『やさしい経営学』日本経済新聞社．
相原総一郎（2000）「高等教育の大衆化と大学経営」日本教育経営学会編『大学・高等教育の経営戦略』玉川大学出版部、pp.52-68.
潮木守一「市場競争下の大学経営」高等教育研究5集、2002年、pp.7-25.
龍慶昭・佐々木亮（2000）『「政策評価」の理論と技法』多賀出版、pp.138-148.
龍慶昭・佐々木亮（2000）『「政策評価」の理論と技法』多賀出版．
龍慶昭・佐々木亮（2002）『戦略策定の理論と技法』多賀出版．
関口正司（2004）『教育改善のための大学評価マニュアル』九州大学出版会．
日本教育経営学会編（2000）『大学・高等教育の経営戦略』、玉川大学出版部．
日本経済新聞社（2002）『やさしい経営学』日本経済新聞社．
B.R.クラーク（有本章訳）（1994）『高等教育システム―大学組織の比較社会学』東信堂．
D.T.セイモア（舘昭・森利枝訳）（2000）『大学個性化の戦略―高等教育のTQM』玉川大学出版部．

Avruch, K., Black P., Scimecca, J.（Ed.）（1991）*Conflict resolution*, Praeger.
Balderston, F.（1995）*Managing today's university*, 2nd ed., Jossey-Bass.
Birnbaum, R.（1992）*How academic leadership works*, Jossey-Bass.
Bolman, L., Deal T.（1997）Reframing organizations, 2nd ed., Jossey-Bass.
Brown II, M. C.（Ed.）（2000）*ASHE Reader: Organization & governance in higher education*, Boston: Pearson Custom Publishing.
Cooper, T.（1998）*The responsible administrator*, 4th ed., Jossey-Bass.
Goonen, N., Blechaman, R.（1999）*Higher education administration*, Greenwood Press.
Hoffman, A., Summers, R.（2000）*Managing colleges and universities*, Bergin & Garvey.
Ingram, R.（1993）*Governing public colleges and universities*, Jossey-Bass.
Lenington, R.（1996）*Managing higher education as a business*, Orvx Press.
Lucas, A.（Ed.）（2000）*Leading academic change*, Jossey-Bass.
Mccaffery, P.（2004）*The higher education manager's handbook*, RoutledgeFalmer.
Shafritz, J., Ott, J.（2001）*Classics of organization theory*, 5th ed., Wansworth.

学術誌・紀要・雑誌等

日本高等教育学会『高等教育研究』
民主教育協会『IDE・現代の高等教育』
リクルート『カレッジマネジメント』
進研アド『Between』
The Chronicle of Higher Education、The Chronicle of Higher Education.
TSL Education Ltd.、The Times Higher Education Supplement.

担当教員

この授業は中井俊樹が担当します。中井研究室は1号館515号室です。私の主な専門領域は高等教育論です。大学では学生は何を学ぶべきか、そしてどのような条件で学生はより学ぶのかということに関心があります。学生の学習に影響を与えるものはたくさんありますが、特に教授法を中心に研究を進めています。私の詳しい研究テーマや研究成果に興味があれば以下のホームページを参考にしてください。

特定のオフィスアワーは設けませんが、事前にアポイントをとってもらえれば、授業の内容に関する質問などを答える時間を調整します。私宛に課題などの郵便物を送る場合、電話連絡する場合、メール連絡する場合は以下のものを利用してください。

住所　　（略）
電話　　（略）
メール　（略）
URL　　（略）

メッセージ：大学院生の中には「知の狩人」に変身する学生も少なくありません。大学院での知的探究のプロセスを十分に楽しんでください。この授業のシラバスでは、各回の概要や課題の内容をあらかじめ示しています。自分のペースでしっかりと学習を進めてください。

成績評価

授業への参加と3つの課題をもとに、授業の目標にどれほど到達しているのかという基準で成績評価を行ないます。最終の成績評価におけるそれぞれの配分は以下の通りです。

・授業への参加　　　　　　　　30%
・課題1：大学組織の特徴分析
　レポート　　　　　　　　　　10%
　発表　　　　　　　　　　　　10%
・課題2：文献レビュー
　レポート　　　　　　　　　　10%
　発表　　　　　　　　　　　　10%
・課題3：大学組織のケース分析
　レポート　　　　　　　　　　15%
　発表　　　　　　　　　　　　15%
　　　　　　　合計　　　　　　100%

授業への参加
できるかぎりすべての授業に出席してください。また、単に出席するだけでなく授業時間内の学習活動にも積極的に関わってください。この授業では多様な経験をもった学生が集まっています。受講者が職場などで培ってきた経験や考え方は、自らの貴重な教育資源になるとともに、クラスの他の人にとっても貴重な教育資源です。クラスのディスカッションに積極的にそして建設的に参加することを期待されています。また、クラス内で共有したほうがよいと思われるものは、授業の初めの時間に「共有情報タイム」を作りますので、進んで情報提供してください。

課題1　大学組織の特徴分析
大学組織は、大学以外の組織とどのような点で異なるのでしょうか。この課題では、組織としての大学の特徴を抽出します。大学組織固有の5つの特徴を抽出し、それぞれ簡単に説明してください。レポートは、

A4用紙1ページにまとめてください。発表は10分以内で、ハイライトを中心に準備してください。発表で配布物がある場合は、事前に人数分コピーを準備してください。

課題2　文献レビュー
この課題では、大学組織の管理運営に関するあるテーマに関する本や論文をレビューします。この文献レビューでは、そのテーマにおいて何が重要な論点なのか、そしてそのテーマに関して何が明らかにされ、また明らかにされていないのかを知ることを目的とします。ただ本格的な文献レビューをするには時間を要しますので、ここでは対象とする本や論文を5冊(本)程度にして、簡易な文献レビューを体験してもらいます。意見の異なる筆者の文献を選んで整理するものよい方法です。

文献レビューでは、フォーマットは自由ですが、(1)文献レビューの目的、(2)このテーマでの重要な論点、(3)これまで明らかにされたこと、(4)今後明らかにすべき課題、の4つの要素を含めてください。レポートは、A4用紙2ページ程度にまとめてください。発表は10分程度で、レポートのハイライトを中心に準備してください。発表で配布物がある場合は、事前に人数分コピーを準備してください。

課題3　大学組織のケース分析
この課題では、実際の大学組織のダイナミクスを分析します。ケース分析では、(1)ケースの時系列の描写、(2)授業で学んだ組織理論もしくはその他の知識を用いたケースの分析、(3)大学の管理運営への示唆を含めてください。ケースは身近なものでもいいですし、新聞、雑誌、ホームページなどで入手できるものでもいいです。ケースの選択は担当教員に決まり次第連絡してください。レポートは、A4用紙4ページ程度にまとめてください。発表は15分以内で、ハイライトを中心に準備してください。発表で配布物がある場合は、事前に人数分コピーを準備してください。

レポートの書式と提出方法
・参考文献はすべてリストにして掲載する
・A4用紙を使用する
・すべてのページにページ番号をつける
・ホッチキスでとめて提出する
・担当教員にメールで送る
・クラスのメンバーに公開したくない内容のレポートは、その旨担当教員に連絡する

メールで送信するファイルの名称
メールで課題を提出する場合は、ORG01nakajimahidehiro.docxのファイル名(Organization、課題1、名前)でお願いします。

クラス内の方針

障害をもった学生の学習支援:障害をもった学生は、すみやかに担当教員に連絡してください。学習を支援できるようなクラス環境や授業方法について検討し、対応します。

受講者の学習権:他の受講者の学習環境を阻害するような行動をとる者に対しては履修を取り消すように求めることがあります。

不正行為：大学での不正行為とは、カンニング行為によって自分の能力を不正確に伝えたり、他人の論文などを剽窃したりすることで他人の権利を侵害することなどがあたります。万が一、不正行為があった場合は、教育発達科学研究科の規則にそって対応します。

ハラスメント：本学ではハラスメント防止基本宣言を定め、大学のすべての構成員が、お互いに自由や権利を尊重しあうことが不可欠であるとしています。万が一、ハラスメントが発覚した場合は、厳格に対応します。また本学にはセクシャル・ハラスメント相談所があり専門のカウンセラーがいます（電話：略）。

授業のスケジュール

第1回 (10/4)	イントロダクション	・自己紹介 ・この授業に関する説明と確認 ・大学という組織の不思議 ・大学はそれ以外の組織と何が異なるか
第2回 (10/11)	大学組織の管理運営の特徴	・管理の諸問題 ・組織の諸問題 ・制度上および組織上の制約 ・大学におけるリーダーシップ ・大学組織の性格 バーンバウム『大学経営とリーダーシップ』はじめに、1章
第3回 (10/18)	大学組織の構造と力学	・大学組織のシステムとしての性格 ・管理職の役割 ・意思決定と合意形成 バーンバウム『大学経営とリーダーシップ』2章・3章
第4回 (10/25)	大学組織の特徴分析	大学組織の特徴分析発表 課題1　締切
第5回 (11/1)	同僚平等システム	・同僚平等システムの特徴 ・同僚平等システムのリーダーシップ 大学組織の特徴分析 バーンバウム『大学経営とリーダーシップ』4章
第6回 (11/8)	官僚システム	・官僚システムの特徴 ・官僚システムのリーダーシップ バーンバウム『大学経営とリーダーシップ』5章
第7回 (11/15)	政治システム	・政治システムの特徴 ・政治システムのリーダーシップ 文献レビュー発表1 バーンバウム『大学経営とリーダーシップ』6章
第8回 (11/22)	研究のための組織論1（オープンセミナー）	ゲストスピーカー：齋藤 芳子（高等教育研究センター助手）
第9回 (11/29)	研究のための組織論2（オープンセミナー）	ゲストスピーカー：齋藤 芳子（高等教育研究センター助手）
第10回 (12/6)	無秩序システム	・無秩序システムの特徴 ・無秩序システムのリーダーシップ バーンバウム『大学経営とリーダーシップ』7章
第11回 (12/13)	サイバネティックシステム	・サイバネティックシステムの特徴 ・サイバネティックシステムのリーダーシップ バーンバウム『大学経営とリーダーシップ』8章・9章
第12回 (12/20)	文献レビュー	文献レビュー発表 課題2　締切
第13回 (1/10)	5つの組織理論	・5つの組織理論のそれぞれの特徴

第14回 (1/17)	ケース分析	ケース分析発表1 課題3　締切
第15回 (1/24)	ケース分析	ケース分析発表3

組織論に関する興味深い映画紹介

『12人の優しい日本人』(組織において意思決定はどのようにされるのか)
『白い巨塔 劇場版』(大学病院のもつ組織論はどのようなものか)
『生きる』(官僚制のもつ問題点とはどのようなものか)
『県庁の星』(行政組織の県庁と営利組織のスーパーでは組織の論理にどのような違いがあるのか)
『踊る大捜査線ザ・ムービー2－レインボーブリッジを封鎖せよ』(官僚制組織の警察とネットワーク組織のゲリラ集団の対決から学べるものは何か)

ワークシート

	同僚平等システム	官僚システム	政治システム	無秩序システム	サイバネティックシステム
組織の比喩					
中心コンセプト					
目標設定					
評価					
意思決定					
意思伝達					
会議					
動機付け					
リーダーシップ					

2.3 「ディジタル回路工学及び演習」

ディジタル回路工学及び演習

このシラバスは
山里敬也氏が2015年度に名古屋大学で行った授業で
使用したものに基づいて作成したものです

授業の概要

本講義では、様々な電気機器に組み込まれているディジタル回路(digital circuit)の基礎を学びます。具体的には、ディジタル回路の数学的な側面を扱う論理回路(logic circuit)やディジタル回路で構成されるコンピュータ・アーキテクチャの基礎となる部分を扱います。また、実際に回路として構成する電子回路や、その基本要素となるゲート回路などについて学び、簡単なディジタル回路設計ができるようになることを目標とします。

授業の目標

この授業では、受講者が授業終了時に以下の知識や能力を身につけていることを目標とする。
・ディジタル回路の数学的基礎となる論理回路(ブール代数、有限オートマトンなど)について説明できる。
・ディジタル回路の基本ゲート素子について説明できる。
・CMOS回路について説明できる。
・組み合わせ回路と順序回路の構成と設計法をわかりやすく説明できる。
・演算回路の構成と設計法をわかりやすく説明できる。また演算回路で必須となるメモリについて説明できる。

教科書と参考書

教科書
・五島正裕『ディジタル回路』(数理工学社)
参考書
・天野英晴、武藤佳恭『だれにもわかるディジタル回路』(オーム社)

授業のスケジュール

週	月日	第1限	第2限
1	10月6日	講義(1)ガイダンス	講義(2)はじめに
課題		ブール代数と組み合わせ回路について、次週達成目標に記載したことを中心にノートにまとめよ。また、予習した内容に関する問題と模範解答を作成せよ。	
2	10月13日	講義(3)ブール代数	講義(4)組み合わせ回路
達成目標		・論理式と論理演算子について理解し、ブール代数の公理と定理を説明できる ・ブール代数と論理ゲートの関係を説明できる ・論理関数と真理値表の関係を説明できる ・論理関数の完全性を証明できる	・ブール代数の公理と定理、基礎的な性質を活用して論理関数の簡単化ができる ・リテラル、積項/和項、最小項/最大項、積和標準形/和積標準形が説明できる ・積和標準形/和積標準形と真理値表、最小項リスト/最大項リストについて説明できる
課題		カルノー図について、次週達成目標に記載したことを中心にノートにまとめよ。また、予習した内容に関する問題と模範解答を作成せよ。	

3	10月20日	講義(5)カルノー図	演習(1)
達成目標		・ハイパーキューブと被覆、主項、ハミング距離について説明できる ・カルノー図を用いて論理式の簡単化ができる	演習を行い、これまで学修したことの理解度を確認する
課題		順序回路と状態機械の最小化について、次週達成目標に記載したことを中心にノートにまとめよ。また、予習した内容に関する問題と模範解答を作成せよ。	
4	10月27日	講義(6)順序回路	講義(7)状態機械の最小化
達成目標		・順序回路の状態と状態遷移図、状態遷移表について説明できる ・順序回路の状態遷移図を描ける ・状態遷移表、次状態関数の真理値表、出力関数の真理値表を書ける ・有限状態機械とその出力関数、次状態関数、記憶について説明できる	・順序回路の状態割り当てと記憶素子について説明できる ・次状態関数と出力関数を簡単化できる ・状態の等価性が説明でき、状態の等価性を利用した状態機械の最小化ができる
課題		実習に関する手引きをよく読み、基本ゲート回路実習についてノートにまとめよ。	
5	11月10日	実習(1)基本ゲート回路	実習(2)基本ゲート回路
達成目標		基本ゲート回路に関する実習を行い基本ゲート回路の動作を理解する	
課題		ロジックの構成について、次週達成目標に記載したことを中心にノートにまとめよ。また、予習した内容に関する問題と模範解答を作成せよ。	
6	11月17日	講義(8)ロジックの構成	演習(2)
達成目標		・電気スイッチと電球によるロジック、機械式ロジック、リレー式ロジック、流体式ロジックについて説明できる ・リレーによる論理ゲート、流体式論理ゲートについて説明できる ・半導体、導体、絶縁体について説明できる ・p型およびn型半導体、正孔、キャリアについて説明できる ・p-n接合、ダイオードと整流、トランジスタについて説明できる	演習を行い、これまで学修したことの理解度を確認する
課題		CMOSについて、次週達成目標に記載したことを中心にノートにまとめよ。また、予習した内容に関する問題と模範解答を作成せよ。	
7	11月24日	講義(9)CMOS	演習(3)
達成目標		・CMOSによるNOR回路、NAD回路、NOT回路を説明できる ・CMOSの動作と消費電流について説明できる ・CMOSの入出力特性と遅延特性について説明できる ・CMOS複合ゲートを説明でき、論理関数を複合ゲートで実現できる ・バスに関するフローティング、バス・バッファ、オープンドレインについて説明できる ・ダイナミックロジック、ドミノ・ロジック、プリチャージについて説明できる	演習を行い、これまで学修したことの理解度を確認する
課題		なし	
8	12月1日	中間試験	中間試験解説
課題		実習に関する手引きをよく読み、組み合わせ論理回路実習についてノートにまとめよ。	

9	12月8日	実習(3)組み合わせ論理回路	実習(4)組み合わせ論理回路
課題	機能的な組み合わせ回路と順序回路の実現について、次週達成目標に記載したことを中心にノートにまとめよ。また、予習した内容に関する問題と模範解答を作成せよ。		
10	12月15日	講義(10)機能的な組み合わせ回路	講義(11)順序回路の実現
達成目標		・バンドル、二進符号、ワンホット符号、BCD、ハフマン符号について説明できる ・データ線と制御線について説明できる ・2-to-1セレクタ、パスゲートを用いたセレクタ、多ビットのセレクタ、多入力セレクタ、バスとセレクタ、ネットワークスイッチ、バレル・シフタについて説明できる。 ・論理回路の完全性とセレクタについて説明できる ・2-to-4デコーダの機能表と回路図を説明できる ・正論理、負論理、カスケード接続について説明できる ・8-to-3プライオリティ・エンコーダの機能表を説明でき、8-to-3プライオリティ・エンコーダをカスケード接続することで16-to-4プライオリティ・エンコーダを構成できる	・NOTゲートによる記憶素子の原理を説明できる ・フリップフロップ、SRラッチ、S'R'ラッチを説明できる ・同期式順序回路について説明できる ・ラッチ・イネーブル付きSRラッチとDラッチをNAND回路とCMOSパスゲートで構成でき、その動作を説明できる ・DラッチとD-FFのタイミング・チャートを説明できる ・D-FFをSRラッチおよびCMOSパスゲートで構成でき、その動作を説明できる ・ポジティブ・エッジ・トリガ、ネガティブ・エッジ・トリガを説明できる ・クロッキング方式、ハザード、クリティカル・パス、セットアップ・タイム、ホールド・タイム、遅延、スキューについて説明できる ・単相ラッチ、単相フリップフロップ、二相ラッチについて説明できる ・フリップ・フロップ・システムのタイミング制約について説明できる ・チャタリング、メタステーブルについて説明できる ・同期リセットと非同期リセット、パワーオン・リセット、リセットの解除について説明できる
課題	機能的な順序回路について、次週達成目標に記載したことを中心にノートにまとめよ。また、予習した内容に関する問題と模範解答を作成せよ。		
11	12月22日	講義(12)機能的な順序回路	演習(4)
達成目標		・レジスタについて説明でき、クロック・ゲーティングのタイミングチャートを説明できる ・レジスタ・ファイルについて説明できる ・アップ・カウンタ、ダウン・カウンタ、アップ／ダウン・カウンタ、バイナリ・カウンタについて説明できる ・シフトレジスタの入出力、左／右シフト、パラレル・ロード可能なシフト・レジスタ、リング・カウンタ、パラレル／シリアル変換について説明できる	演習を行い、これまで学修したことの理解度を確認する
課題	演算回路について、次週達成目標に記載したことを中心にノートにまとめよ。また、予習した内容に関する問題と模範解答を作成せよ。		
12	1月12日	講義(13)演算回路	演習(5)
達成目標		・n桁k進数を符号無し、符号付の補数表現で表すことができる。 ・一の補数と二の補数についてグラフを用いて説明できる ・一の補数と二の補数を簡易な求め方を説明できる ・補数の加算について説明でき、オーバーフローとアンダーフローについて説明できる ・補数表現のシフトについて説明できる ・ハーフ・アダー、フル・アダー、リプル・キャリー・アダー、キャリー・ルックアヘッド・アダー、キャリー・ルックアヘッド・ジェネレータのトゥーリー接続について説明できる ・ALUについて説明できる ・シフタについて説明できる	演習を行い、これまで学修したことの理解度を確認する
課題	メモリについて、次週達成目標に記載したことを中心にノートにまとめよ。また、予習した内容に関する問題と模範解答を作成せよ。		

13	1月19日	講義(14)メモリ	演習(6)
達成目標		・RAMとROMの特徴、揮発性、速度と書き換え可能性、容量とコストについて説明できる ・各種RAMの概要とRAMセル・アレイについて説明できる ・SRAMの回路構成と6Tセル、読み出し、書き込み、多ポート化について説明できる ・DRAMとDRAMセル、RASとCAS、リフレッシュについて説明できる ・各種ROMの概要とその分類について説明できる ・フラッシュ・メモリのセル構造、フローティング・ゲートとゲート電圧-ドレイン電流特性、読み出し、NOR型とNAND型、多値化について説明できる	演習を行い、これまで学修したことの理解度を確認する
課題		実習に関する手引きをよく読み、順序回路実習についてノートにまとめよ。	
14	1月26日	実習(5)順序回路	実習(6)順序回路

成績評価の方法

・中間試験、期末試験、提出課題をもとに総合点60点以上を合格とします。
・期末試験欠席者は欠席と扱います。

授業のすすめ方

授業形態
・授業は講義と演習・実習で構成されます。
・講義(山里が担当)はアクティブラーニング(反転授業)を試行します。
・演習(TAが担当)は必ず出席し、課題を提出してください(成績に反映)。
・実習(TAが担当)も必ず出席、課題を提出してください(成績に反映)。

具体的な講義の進め方
・予習してくることを前提に、質問に答える形で進めます。
  ・ノートの提出・確認を実施します。
    ・ノートはA4もしくはB5のもの。
      ・ルーズリーフ等は受け取らない。
    ・ノートは木曜日には返却します。
      ・返却先:IB電子情報館9F片山研入り口。
  ・質問は金曜日までにNUCTに投稿してください。

グループワークの進め方
・12グループに分かれます。
・各グループはひとつの章を担当し、その章に関する問題と模範解答を2問作成します。
  ・グループ全員で問題と模範解答の作成を担当します。

- 各問は10分程度で解けるものとし、その問題と模範解答の説明もそのグループで担当します（計20分程度）。
- 講義時間中に2問解いてもらうのか、1問にするのかは、当日の質問状況などで判断します。
- 問題、模範解答、実際にやってもらった反応（自己評価）などについてレポートとしてまとめ、次の授業時間に提出してください。

質問
- 授業中の質問を歓迎します。授業時間外はNUCTに投稿してください。
- 授業終了時の教室での個別質問も時間のかぎり受け付けます。

アクティブラーニングとは
- 教員による一方向的な講義形式の教育とは異なり、学修者の能動的な学修への参加を取り入れた教授・学習法の総称。

ラーニングピラミッド*
- 授業で学んだ知識が半年後にどれだけ定着しているかを測定したもの。
- 受け身で講義を聴いただけでは5%しか定着しない。
- グループ討論を行うと50%に高まる。
- 他の人に教えると90%もの内容が定着する。

* ラーニングピラミッドについては、その信頼性について議論があるものの、授業担当者の実感に合うと思われるため、あえてここで取り上げている。

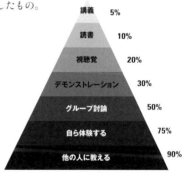

担当教員について

山里敬也（YAMAZATO, Takaya）
メールアドレス：(略)
居室：(略)　Tel/Fax：(略)
研究
可視光通信、確率共鳴、センサネットワーク、e-Learning
趣味
自転車、ジョギング、バンド、スキー

2.4 「微分積分および演習1」

微分積分および演習1

シラバス

このシラバスは
榊原暢久氏が2014年度に芝浦工業大学で行った授業で
使用したものに基づいて作成したものです

この授業を受講する上での前提

高等学校の数学IIIで学ぶ種々の関数の基本的性質や簡単な微分・積分計算を概ね前提とします。

授業概要

高等学校の数学IIIでは、微分積分について大学で学ぶための基本的事項を学びました。この授業ではそれらを基本として、1変数関数の微分積分のさらに深い理論について学びます。具体的には、既に学んだ内容を簡単に復習しながら、逆三角関数、高階の導関数、テイラー展開、広義積分、簡単な微分方程式等を統一的な視野のもとに学んでいきます。

授業の目的

工学部で学ぶ学生にとって微分積分と線形代数は、科学・技術を学ぶために必要不可欠かつもっとも基本的な世界共通の「言語」です。この講義の目的は、微分積分の分野の「言語」を積み上げ式にしっかり学び、この「言語」で表現された本質的内容を理解し、言葉や文章として使えるようこの「言語」を身につけることが目的です。

到達目標

【期末準備テスト・期末試験】【自作問題レポート】(【 】内は大学HPにあるシラバスの達成目標の番号)
(1) 1変数関数の連続性を理解し、具体的な関数で確かめることができる【1】
(2) 与えられた1変数関数の1階微分、高階微分を求めることができる【2】
(3) 具体的な1変数関数の、指定された極限を求めることができる【3】
(4) テイラーの定理について理解し、近似値や誤差評価を求めることができる【3】
(5) テイラー展開について理解し、具体的な関数の展開を求めることができる【3】
(6) 基本的な積分公式や置換積分・部分積分を用いて、積分を計算することができる【4】
(7) 部分分数分解について理解し、分数式の積分を計算することができる【4】
(8) 分数式の積分にもちこめる三角関数の分数式や無理式の積分を計算することができる【4】
(9) 広義積分について理解し、計算することができる【4】
(10) 簡単な微分方程式を解くことができる【5】
(11) 区分求積法について理解し、極限計算に応用することができる【4】

授業の流れ

【講義】
(1) 授業が始まるまでに、教室前部の入り口付近に置いた配付資料、前回の採点済み答案、本日の答案用紙等を受け取り、前の週の学習シートを提出し、早めに席に着いてください。大学側が出欠状況を確認するため、カードリーダーに学生証を必ずかざしてください。
(2) その後、予習宿題で下調べした内容を共有し、それらについて確認します。学習シートにある予習宿題部分は授業までに必ず自分でやっておいてください。

(3) その後、本日の内容に関する解説と例題の説明、簡単な演習を行います。
(4) 最後に、本日の内容に関する簡単な確認テストをやってもらいます。確認テストの解答が書いてある答案用紙を提出したら退出してかまいません。

【演習】
(1) 授業が始まるまでに、教室前部の入り口付近に置いた配布資料、前回の採点済み答案、本日の答案用紙等を受け取り、隣り合わせにならないように早めに席に着いてください。大学側が出欠状況を確認するため、カードリーダーに学生証を必ずかざしてください。
(2) 授業の最初に小テストを10分程度実施します。計算中心の復習宿題を出すので、それに関する問題をやってもらいます。【講義】終了後、次の【演習】の授業までに、復習宿題は必ず自分でやっておいてください。授業開始時間に遅れて来た学生は、この小テストを受ける権利がなくなります。
(3) この答案を学生同士で交換してもらい、解説を聞きながらチェックしてもらいます。そのため、必ず色つきのペンを持ってきてください。細かなチェックは私が後からしますので、自分の学生番号と間違った部分のチェックだけを記入してください。
(4) その後、本日の内容に関する簡単な演習を行います。
(5) 最後に、本日の内容に関する確認テストをやってもらいます。小テストと確認テストの解答が書いてある答案用紙を提出したら退室してかまいません。

予習宿題・復習宿題

授業内容を深く理解するには授業外学習が不可欠です。また、単位制の主旨からすると、1コマあたり3時間の授業外学習が必要です。そのため、予習宿題と復習宿題を課します。
予習宿題では、その日の講義で学ぶ基本的事項について前もって調べてもらいます。この宿題は毎回の学習シートの中に組み込まれています。【講義】の少なくとも前日までにこの予習宿題をやってください。
復習宿題は主として計算問題を出し、提出する必要はありません。ただし、【演習】の最初に実施する小テストで同等の問題をやってもらいます。復習宿題は次回の【演習】までに必ず自分でやってください。

学習シート

【講義】を受講する前に指定された事項について調べる予習宿題部分と、【講義】【演習】を受講した後に、その週に学んだことをまとめる部分からなる課題です。予習宿題部分とまとめ部分を、必ず2回に分けて実施してください。その週に学ぶ内容を少なくとも2回振り返ることにより、講義の理解度、学習内容の定着度が格段にアップします。提出期限厳守。学習シートは1回ごとに評価しませんが、ラーニングポートフォリオを評価する際にまとめて評価します。空欄があったり、記載内容が不十分なことがないようにしてください。

自作問題レポート

期末準備テストの到達目標に沿った問題と解答を作るレポートを、学期中に3回課します。作成する問題についての細かな条件指定がついていますから、その条件に従ってレポートを作成してください。提出期限厳守。提出期限に遅れると、1日ごとに減点率が高くなるので注意してください。

＊減点率・・・授業後当日提出で点数×0.9、1日遅れ提出で点数×0.8、以後1日ごとに0.05ずつ減少

ラーニングポートフォリオ

毎週の学習シートと、講義・演習内で配付した資料すべて（シラバス、採点済み答案、模範解答など）を綴じ、授業に関する振り返りおよびコンセプトマップを作成し、自己評価表をつけて、ラーニングポートフォリオとして学期末に提出してもらいます。個人ごとのバインダーを用意しますので、そのバインダーに資料をファイリングしてください。学習シートの提出遅れがあると、その日数の積算で減点率が高くなるので注意してください。
＊減点率……提出遅れの積算日数3日以内は減点なし、4〜10日は点数×0.8、11日〜20日は点数×0.7、21日〜30日は点数×0.6、以後10日ごとに0.2ずつ減少

質問について

授業中に質問があればどの時点で質問してくれてもかまいませんし、教官室510に質問に来てくれてもかまいません。オフィスアワーは水曜5限ですが、この時間にこだわる必要はありませんので、都合のよい時間を見はからって来てください。もちろん、メールでの質問もOKです。メールアドレスはaaa@bbb.jp宛とし、必ず件名に学科名・名前を入れてください。

講義を受ける上でのマナー

授業中、携帯電話を操作したり、帽子をかぶったり、ガム等を食べたりしないでください。授業内容に関する学生間の話し合いはしてくれてかまいませんが、私が説明しているときのおしゃべりは他の学生の邪魔になっていることを強く自覚してください。また、授業中に教室から出たり入ったりしないでください（体調が優れないときはこの限りではないので言ってください）。遅刻をしてきた場合には教室前部のドアから入り、資料をとって、受講生の邪魔にならないように静かに着席してください。演習中は適宜個人指導を行うので、積極的に演習に取り組んでください。居眠りをしている場合には起こします。退室時には、次に座る人のために、机の上の消しゴムのくずなどを綺麗にしてから退室しましょう。

列車遅延への救済措置

交通機関が遅れたことにより遅刻あるいは欠席した場合、この救済を望む学生はその該当点数を除く対応を受けることができます。この対応を望む学生は、遅延証明書（デジタル版でも可）に「学生番号」「名前」を記入して提出してください（社会人になっても、交通機関の遅延にはよく出会うので、早め早めに行動するようにしてください）。

小テスト・確認テストの点数が0点だった場合の救済措置

授業における5点満点の毎回の答案が0点だった場合、学期を通じて【講義】と【演習】それぞれ2回ずつ、レポートを出すことでその該当点数を除く対応を受けることができます（たとえば、1回目の白い紙が0点だった場合には、1回目の復習宿題をレポートとして提出する）。ただし、講義と演習の同じ回に、重複し

て救済措置を使うことはできません。

授業収録について

この授業の様子は、授業自動収録システムにより録画・録音します。私以外（例えば、このクラスの受講生や次学期の受講生）が見ることのできるように学内配信する場合には、学生個人が特定できない形で配信します。録画・録音に問題がある学生は申し出てください。

返却するテストの確認について

小テスト、確認テスト、自作問題レポート、期末準備テスト等は、返却されたその授業内で確認してください。採点内容等に関する後日の異議は一切認めませんので注意してください。

教科書

西本敏彦（1996）『微分積分学講義』培風館

講義スケジュール（それぞれの授業後に、指示された宿題をする）

本日(4/7)	シラバスを用いたオリエンテーション	【学習シートNo.1予習部分】
講義1回目(4/9)	極限と連続関数 (pp.25-36)	【復習宿題】p.36.1、2(1)-(5)
演習1回目(4/14)	講義1回目の演習	【学習シートNo.2予習部分】【学習シートNo.1完成】
講義2回目(4/16)	逆三角関数、微分公式 (pp.18-20、37-47)	【復習宿題】p.58.2、3、4
演習2回目(4/21)	講義2回目の演習	【学習シートNo.3予習部分】【学習シートNo.2完成】
講義3回目(4/23)	高階導関数、Leibnitzの定理 (pp.48-58)	【復習宿題】p.58.5、6
演習3回目(4/28)	講義3回目の演習	【学習シートNo.4予習部分】【学習シートNo.3完成】
講義4回目(4/30)	期末準備テスト1（1回目〜3回目の内容、到達目標(1)(2)）**各種平均値の定理** (pp.59-62、71-77)、**極座標** (p.80)	【復習宿題】p.83.4、【R1】
演習4回目(5/12)	講義4回目の演習	【学習シートNo.5予習部分】【学習シートNo.4完成】
講義5回目(5/14)	不定形の極限値 (pp.63-65)	【復習宿題】p.82.1、2
演習5回目(5/19)	講義5回目の演習	【学習シートNo.6予習部分】【学習シートNo.5完成】
講義6回目(5/21)	Taylorの定理 (pp.65-68)	【復習宿題】p.82.3（少し変更あり）
演習6回目(5/26)	講義6回目の演習	【学習シートNo.7予習部分】【学習シートNo.6完成】
講義7回目(5/28)	Taylor展開 (pp.69-70)	【復習宿題】p.82.3
演習7回目(6/2)	講義7回目の演習	【学習シートNo.8予習部分】【学習シートNo.7完成】
講義8回目(6/4)	近似 (pp.77-83)	【復習宿題】別途指示
演習8回目(6/9)	講義8回目の演習	【学習シートNo.9予習部分】【学習シートNo.8完成】

講義9回目 (6/11)	期末準備テスト2(4回目〜8回目の内容、到達目標(3)(4)(5))、**区分求積法**(pp.124-127)	【復習宿題】別途指示、【R2】
演習9回目 (6/16)	講義9回目の演習	【学習シートNo.10予習部分】【学習シートNo.9完成】
講義10回目 (6/18)	**不定積分と定積分、基本公式**(pp.111-118、128-130)	【復習宿題】p.123.1、2、3
演習10回目 (6/23)	講義10回目の演習	【学習シートNo.11予習部分】【学習シートNo.10完成】
講義11回目 (6/25)	**有理関数の積分**(pp.119-120)	【復習宿題】p.123.4(1)(2)、5(1)
演習11回目 (6/30)	講義11回目の演習	【学習シートNo.12予習部分】【学習シートNo.11完成】
講義12回目 (7/2)	**超越関数や無理関数の積分**(pp.120-123)	【復習宿題】p.123.4(3)(4)、5(2)-(4)
演習12回目 (7/7)	講義12回目の演習	【学習シートNo.13予習部分】【学習シートNo.12完成】
講義13回目 (7/9)	期末準備テスト3(9回目〜12回目の内容、到達目標(6)(7)(8)(11))、**定積分**(pp.130-133、154-155)	【復習宿題】p.157.1、2、【R3】
演習13回目 (7/14)	講義13回目の演習	【学習シートNo.14予習部分】【学習シートNo.13完成】
講義14回目 (7/16)	**微分方程式、広義積分**(pp.221-222、134-138)	【復習宿題】p.157.3、p.240.1(1)-(3)
演習14回目 (7/21)	講義14回目の演習、ラーニングポートフォリオの説明	【学習シートNo.14完成】【期末試験準備】
講義15回目 (7/23)	**期末試験**(範囲1章・10章の一部と、2〜4章、6〜7章) **および解説**	【ラーニングポートフォリオの作成】
演習15回目 (7/28)	ラーニングポートフォリオの提出	

評価方法

【講義】の毎回の答案の合計点(5点×11回 = 55点満点)と
期末準備テストの回の合計点(30点×3回 = 90点満点)と
【演習】の毎回の答案(小テスト2点、確認テスト3点)の合計点(5点×13回 = 65点満点)と
自作問題レポートの合計点(30点×3回 = 90点満点)の合計を40%、
期末試験の点数(100点満点)を40%、
ラーニングポートフォリオの評価(その半分が平常点分評価、残り半分が期末分評価)を20% とし、
総合得点60点以上を合格(100点から10点刻みで順にS、A、B、C評価)とします。
59点以下は不合格(D評価)とします。

点数チェック表

講義の毎回の点数

1	2	3	④	5	6	7	8	⑨	10	11	12	⑬	14	合計

(毎回の答案の合計55点満点、期末準備テストの合計90点満点、あわせて145点満点)

演習の毎回の点数

1	2	3	4	5	6	7	8	9	10	11	12	13	合計

(合計65点満点)

自作問題レポートの点数

1	2	3	合計

(合計90点満点)

(参考)
成績40%分(A)の計算式　　　　(A) = (上の合計点) ÷ 300 × 40
成績40%分(B)(期末試験分)の計算式　(B) = (期末試験の点数) × 0.4
最終成績の計算式　　　　　　　(A) + (B) + (ラーニングポートフォリオの点数)

3 英文シラバスのための資料

3.1 到達目標を表すさまざまな動詞

	Knowledge	Comprehension	Application	Analysis	Synthesis	Evaluation
定義	学習内容を思い出せる	学習内容を理解していることを示せる	学習内容を応用して問題解決できる	問題を要素に分解したり一般化の条件を示す	考えを統合して提案や問題解決できる	基準や根拠に基づいて判断や意思決定できる
動詞	Define Describe Duplicate Identify Label List Match Memorize Name Order Outline Recognize Relate Recall Repeat Reproduce State	Classify Convert Defend Describe Discuss Distinguish Estimate Explain Express Extend Generalized Give example(s) Identify Indicate Infer Locate Paraphrase Predict Recognize Rewrite Review Summarize Translate	Apply Change Choose Compute Demonstrate Discover Dramatize Employ Illustrate Interpret Manipulate Modify Operate Practice Predict Prepare Produce Relate Schedule Show Sketch Solve Use Write	Analyze Appraise Breakdown Calculate Categorize Compare Contrast Criticize Diagram Differentiate Discriminate Distinguish Examine Experiment Identify Illustrate Infer Model Outline Point out Question Relate Separate Subdivide Test	Arrange Assemble Categorize Collect Combine Comply Compose Construct Create Design Develop Devise Explain Formulate Generate Plan Prepare Rearrange Reconstruct Relate Reorganize Revise Rewrite Set up Summarize Synthesize	Appraise Argue Assess Attach Choose Compare Conclude Contrast Defend Describe Discriminate Estimate Evaluate Judge Justify Interpret Relate Predict Rate Select Summarize Support Value
例文	The student will define the 6 levels of Bloom's taxonomy of the cognitive domain.	The student will explain the purpose of Bloom's taxonomy of the cognitive domain.	The student will write an instructional objective for each level of Bloom's taxonomy.	The student will compare and contrast the cognitive and affective domains.	The student will design a classification scheme for writing educational objectives that combines the cognitive, affective, and psychomotor domains.	The student will judge the effectiveness of writing objectives using Bloom's taxonomy.

3.2 シラバス作成のための用語集

日本語	英語	日本語	英語
教室	classroom	期末レポート	final paper
講義室	lecture room	期末試験	final exam
大講義室	lecture hall	筆記試験	written exam
講堂	auditorium	口頭試験	oral exam
ゼミ室	seminar room	中間試験	midterm exam
実験室	laboratory	持ち帰りテスト	take-home exam
必修科目	required course	提出期限	due date
選択科目	elective course	持込み可の試験	open-book exam
講義要綱	course catalog	持込み不可の試験	closed-book exam
休講	class cancellation	ノート持込み可の試験	note-allowed exam
補講	supplementary class	論述テスト	essay test
公欠	excused absence	追試験	makeup exam
試験期間	final exam period	問題用紙	question sheet
シラバス	syllabus	解答用紙	answer sheet
履修要件	prerequisite	試験監督者	proctor
オフィスアワー	office hours	不正行為	academic misconduct
教科書	textbook	カンニング	cheating
参考書	reference book	剽窃	plagiarism
教材	teaching materials	ハラスメント	harassment
視聴覚教材	audio-visual aids	成績	grade
プリント	handout	実験用白衣	lab coat
印刷ミス	incomplete printing	防護眼鏡	safety glasses
出席	attendance	関数電卓	scientific calculator
授業への参加	class participation	自在定規	adjustable curve ruler
授業をさぼる	skip a class		
私語	chat in class		
発表者	presenter		
口述発表	oral presentation		
事例研究	case study		
司会進行役	facilitator		
討論	discussion		
予習	preparation		
復習	review		
小テスト	quiz		
レポート	paper		
引用	citation		
試験	exam		

出所　中井(2008) pp.88-93より作成

3.3 英文で作成する初回配付用シラバスの例

Organizational Analysis of Higher Education Institutions

このシラバスは
Day Dee氏が2015年度にマサチューセッツ大学で行った授業で
使用したものに基づいて作成したものです

COURSE DESCRIPTION

The fields of organizational theory and organizational behavior are vibrant intellectual domains that inform policy, strategy, and action in a range of work organizations, including colleges and universities. Scholars in these fields have addressed key questions in several domains that directly affect practice.

- How do organizations interact with their external environments? Are their interactions strategic and opportunistic, or reactive and haphazard? To what extent can organizational leaders shape and manage these interactions, and to what extent are their "hands tied" by external constraints?

- How do organizations structure the work that they attempt to accomplish? Are tasks allocated efficiently and effectively to different organizational units? To what extent are the actions of the various organizational units coordinated with an overall plan for the organization?

- How do organizations maintain and develop their human resources? Are organizational members generally motivated and satisfied with their work roles? Is there a good fit between the goals and abilities of organizational members and the needs of the organization?

- How is power used within the organization? Do top-level leaders make most decisions, or is power decentralized to lower levels? Is power used as a tool to maintain the status quo, or do leaders attempt to empower others to facilitate organizational change?

What is the cultural context of the organization? Which values, norms, and beliefs characterize the organization? How does the organizational culture shape the behaviors of organizational members?

Researchers have developed theories that address these questions. These theories have been developed through extensive observation and analysis of organizational processes and outcomes. The theories attempt to explain organizational phenomena and provide a range of options for future courses of action. College and university leaders can apply these theories to understand their own organizations more fully, and consider a broader range of issues to inform their decisions and actions.

Organizational theories, therefore, can be useful tools for organizational analysis. Organizational analysis is a systematic effort to understand and improve individual and group performance in work settings. For higher education institutions, organizational analysis is more effective when it considers colleges and universities as systems in their entirety, rather than as specific divisions, departments, or functional areas in isolation.

The purpose of this course is to examine and apply organizational theories to the study of critical challenges in higher education leadership. The Higher Education Doctoral Program focuses on preparing leaders who are committed to fostering and facilitating organizational change. This course examines five major organizational components that when taken together provide a framework for understanding, initiating, and implementing change in higher education organizations.

- **Component 1 - External environments.** Higher education institutions operate within complex social, economic, and policy environments. External factors may induce organizational change or reinforce the status quo.

- **Component 2 - Internal structures.** Organizational structures (that is, the arrangement of work roles and the relationships among those roles) may serve as levers for or barriers against change.

- **Component 3 - Human relations in organizations.** An understanding of motivation and human behavior in organizations may be essential for addressing resistance to change and for empowering others to engage in change.

- **Component 4 - Organizational power and politics.** Consideration of organizational power can help leaders understand how individuals and groups develop and use power to enact or block change.

- **Component 5 - Organizational culture.** Knowledge of an organization's culture can uncover important norms, values, and beliefs that may support or impede change.

The formal study of these organizational issues is based in the intellectual traditions of social science. In fact, the fields of organizational theory and organizational behavior have borrowed extensively from the disciplines of sociology, anthropology, psychology, economics, and political science. In the social sciences, theories can be categorized in terms of their basic assumptions about human experience. These sets of assumptions are called paradigms, and three paradigms characterize the intellectual terrain of the social sciences.

- **Positivist Paradigm.** This perspective suggests that there is an objective reality that organizational leaders and researchers seek to explain as accurately as possible. Accurate explanation enables people to predict future occurrences, and if future occurrences can be predicted, then leaders can control events in ways that advance organizational goals. This social science paradigm most closely resembles the assumptions associated with the natural and life sciences, but it is important to consider whether human systems are as predictable as chemical reactions, for example.

- **Social Construction Paradigm.** This perspective views reality as a human creation; people construct it, personally and in interaction with others. Thus, organizational members are active agents who produce the reality in which they work. An important implication of the social construction paradigm is that subjective impressions, mental maps, and interpretations are often more powerful than objective data in shaping the overall direction of an organization.

- **Postmodern Paradigm.** This perspective argues that the central tenets of modernity – rationality, linearity, progress, and "value-neutral" science – are neither valid nor appropriate for guiding organizational leadership. Postmodernism has been conceptualized in two ways: as an historical era, and as an intellectual perspective. As an historical era, postmodernism reflects a significant break from the past. Rapid advances in technology and changing beliefs about social institutions such as education, family, and work have produced new forms of social organization that differ significantly from those of an earlier era. As an intellectual perspective, postmodernism offers a critical lens for organizational analysis and leadership.

Why three paradigms? At first glance, these three ways of thinking about organizations may appear incompatible. Indeed, each perspective has a very different epistemological foundation. The positivist perspective says that there is an objective reality "out there" that we need to discover and understand in order to lead more effectively. The social construction perspective says that reality is a human construction, and there are multiple interpretations of any situation. The postmodern perspective suggests the need to question the foundational assumptions upon which organizations operate.

To understand the enormous complexity of higher education organizations, however, it is necessary to consider colleges and universities from each of these perspectives. Positivist, social constructionist, and postmodern perspectives each illuminate different dimensions of organizational life. Thus, effective organizational analysis entails consideration of each of these three perspectives.

When we consider the three paradigms in terms of the five organizational dimensions discussed earlier, we can envision a 3x5 matrix for organizational analysis that is based on three orienting paradigms (positivist, social construction, and postmodern) and five organizational components (external environments, internal structures, human relations, organizational power, and organizational culture).

Matrix for Organizational Analysis

	Positivist	Social Construction	Postmodern
Environment			
Structure			
Human Relations			
Power			
Culture			

LEARNING OBJECTIVES

Skills
Seminar participants will be able to:
1. use theory to think critically about colleges and universities as organizations
2. use theory to analyze, diagnose, and address organizational problems in colleges and universities
3. use theory to develop strategies for enacting organizational change in higher education institutions
4. through academic writing, analyze, integrate, and synthesize research findings from the literature on higher education organizations to develop more extensive understandings of key organizational challenges in higher education
5. through academic presentations, be able to convey information about research problems, methods, and findings, and be able to draw implications from those findings

Knowledge
Seminar members will develop knowledge that will enable them to:
1. define and describe relationships among the positivist, social constructionist, and postmodern

paradigms in the social sciences
2. describe and apply theories associated with five prominent constructs in the field of organizational theory: external environments, internal structures, human relations, organizational power, and organizational culture
3. identify and discuss the prominent research findings in the literature on higher education organizations

Understandings

Seminar members will be able to use a range of organizational theories to:
1. understand and assess their own leadership practice
2. reflect on colleges and universities as organizational systems
3. reflect on leadership as an organizational process
4. reflect on the opportunities and challenges associated with organizational change in higher education
5. reflect on the social justice, ethical, and equity implications of organizational structures, cultures, and practices

PREREQUISITES

Enrolled in the Higher Education Doctoral Program

CLASSROOM ETIQUETTE

Always come to class prepared to learn and ready to facilitate the learning of others. Complete all assigned readings prior to class. Be prepared to engage in whole-class and small group discussions regarding the readings and related issues. Listen actively to others, and offer concise comments that pertain to the learning objectives of the class session.

Arrive to class on time. Turn off cell phones during class. You are expected to attend every scheduled class session. If you must miss a class session, then notify the instructor in advance. Missing more than two class sessions for any reason may be considered cause for reducing the student's overall grade.

LATE WORK

All assignments must be submitted no later than the date indicated on the syllabus unless otherwise instructed by the faculty member. Late work will not be accepted unless approval by the instructor has been granted prior to the class session in which the assignment is due. If a student submits late work without prior approval by the faculty member, then the grade for the assignment will be reduced by one full letter grade.

READINGS

Textbooks

Required
Bess, J., & Dee, J. (2008). Understanding college and university organization: Theories for effective policy and practice. Volume one: The state of the system. Sterling, VA: Stylus Publishing.

Bess, J., & Dee, J. (2008). Understanding college and university organization: Theories for effective policy and practice. Volume two: The dynamics of the system. Sterling, VA: Stylus Publishing.

Recommended
Bolman, L., & Deal, T. (2008). Reframing organizations: Artistry, choice, and leadership, 4th ed. San Francisco: Jossey-Bass. [Note: 5th edition, 2013, is now available.]

Journal Articles
Journal article readings in this syllabus are available through the Healey Library online collection (use the "e-resources" link, click "e-journals," and search by journal title).

PROJECTS AND ASSIGNMENTS

1. Small Group Presentation and Brief Written Report
In small groups (3 to 4 members), seminar members will present their analysis of the external environment case from the Bess and Dee text (volume one, page 165). The class presentation will address each of the five case discussion questions; each group will be allocated 15 minutes for its presentation.

In addition to the in-class presentation, each group will submit written responses to the case discussion questions: approximately one double-spaced page per question (5 pages total).

Audience assumptions: Assume that readers (and audience members) are familiar with (have read) the case, but are not familiar with the theories and concepts that you are using to analyze the case.

The presentations and written responses will be evaluated based on the following criteria.

- all elements of the case discussion questions are addressed in the analysis
- theory is used appropriately to analyze dimensions of the case (that is, the concepts in the theory are explained and related clearly to the issue or phenomenon that the group is analyzing)
- the analysis contains definitions of key terms/concepts, so that readers can understand the conclusions drawn by the group
- the analysis deepens the reader's understanding of the case (avoids a superficial discussion of the case)
- the recommendations for practice clearly emanate from the theoretical analysis (that is, the recommendations are logical extensions of the analysis)

- overall time management for the presentation
- few errors in grammar, word usage, reference citations, and punctuation (for evaluation of written responses)

Presentation date and report due on October 11
Grade: 10% of total

2. Discussion Leader: Journal Article Readings

On two occasions, you will be asked to serve as a discussion leader for a journal article reading. Serving as a discussion leader will entail two components: first, provide a brief (10 minute) summary of the article; and second, pose two questions, related to the article, for the class to discuss (discussion will range from 5 to 10 additional minutes).

The presentation will summarize: 1) the research problem and the purpose of the study, 2) the research questions addressed by the authors, 3) the data sources used by the authors in their analysis, and 4) the key findings of the study. Note: journal articles may present a large number of findings, all of which cannot be presented in the time allotted; therefore, you will need to make decisions regarding which findings to highlight in your presentation.

Presenters need to adhere to the 10-minute limit for summarizing the article. Identifying and conveying concisely the most important elements of a journal article are important skills, which will help you with reading, note-taking, and academic writing in the future. I suggest that you practice your presentation prior to delivering it in class, so that you can adhere to the time limit.

The presenter will offer the audience members a written summary of the article. The written summary may take the form of a hand-out (no more than two pages), or copies of presentation slides.

Following the 10-minute summary, the presenter will offer two questions for the audience to discuss. The questions should be framed so that they stimulate further discussion of the study findings in the article. The goal is to help the audience place the study findings into the context of practical leadership challenges in higher education.

The presentation will be evaluated on the basis of the following criteria.

- The presentation clearly and concisely identifies the research problem and purpose of the study.
- The presentation clearly and concisely identifies the research questions addressed by the authors of the study.
- The presentation clearly and concisely identifies the data sources used by the authors in their analysis.
- The presentation clearly and concisely identifies and explains the key findings of the study.
- The written summary (hand-out or presentation slides) clearly and concisely conveys the aforementioned information.
- The discussion questions stimulate audience discussion about key issues, arguments, and study findings from the article.
- Overall time management for the presentation.

The journal articles are grouped into five categories. The articles in these five categories will also be used in the literature review project, described later in this syllabus. Audience members will be responsible for reading the journal articles that are presented in each class.

Presentation schedule

- October 11, external environments: Bastedo & Bowman (2011); Morphew (2009); Morphew & Hartley (2006)
- October 25, organizational structure: Briggs (2007); Kezar (2006); Philpott & Strange (2003)
- November 8, human relations in organizations: Daly & Dee (2006); Smerek & Peterson (2007); Xu (2008)
- November 22, organizational power/politics: Iverson (2007); Kezar (2008); Kezar (2012)
- December 13, organizational culture: Colbeck (2002); Hartley (2003); Kezar & Eckel (2002a); Smart (2003)

Grade: 20% of total

3. Organizational Analysis Papers

Each seminar member will develop an organizational analysis of an educational institution with which he or she is familiar. The analysis will be presented in three papers (approximately 6 double-spaced pages each). Students will focus their papers on three of the five organizational constructs that serve as the foundation for this course. Each of the three papers will provide:

1. A brief description of one (and only one) organizational challenge or problem that the institution is encountering, related to the organizational construct on which the paper focuses. Aim for this section to be 1 to 2 pages.

2. An analysis of that problem using one (and only one) organizational theory related to the organizational construct on which the paper focuses. Aim for this section to be 3 pages.

3. Based on the analysis, offer recommendations for institutional leaders who may still be experiencing this problem, or might experience this problem again in the future. Aim for this section to be 1 to 2 pages.

These papers will be evaluated based on the following criteria.

- The paper clearly describes an organizational issue/challenge/problem, using terminology associated with organizational analysis (that is, terms and concepts that we have used in class).
- The paper identifies and briefly describes a theory that is well-suited to explain the organizational issue identified previously.
- The paper uses the theory to explain and deepen the reader's understanding of the issue, challenge, or problem.
- The conclusion points toward specific recommendations for leadership practice; these recommendations clearly emanate from the analysis in the previous section of the paper.
- Components of the paper are linked by effective transitions.
- Few errors in grammar, word usage, reference citations, and punctuation

Audience: write the analysis paper for an audience of experienced educational leaders, who are not familiar with organizational theory. As such, you will need to define and explain key theories, terms, and concepts so that non-experts can readily understand them.

Due dates for papers (students will submit papers on three of these five occasions):

- External environment: October 18
- Organizational structure: November 1
- Human relations in organizations: November 15
- Organizational power/politics: December 6
- Organizational culture: Monday, December 16

Grade: 40% of total

The re-write option: students will have the option of revising and resubmitting up to two organizational analysis papers. Three stipulations apply:

- First, the student must notify the instructor that the paper will revised and resubmitted. This notification must occur within three days of the original paper's return to the student.

- Second, the revised paper must be resubmitted no later than one week following the original paper's return to the student.

- Third, if the student decides to rewrite the organizational culture paper (due on December 16), then the student's course grade will remain incomplete (INC) until the paper is resubmitted and graded. [Note: faculty must submit fall semester course grades no later than December 27.]

4. Literature Review Paper

Each seminar member will write a literature review. Seminar members will select from five possible topics (see list below). Each topic contains six journal articles. Use the articles to develop a literature review that achieves the following goals:

- defines a higher education organizational problem/challenge on which the paper will focus
- explains why the problem/challenge is an important issue for higher education
- uses the study findings in these journal articles to identify and discuss critical dimensions of the problem
- provides a set of recommendations for practice, which are based on the analysis of the literature in relation to the problem/challenge

The paper should be limited to approximately 12 to 15 pages (double-spaced, 12-point font, one inch margins), not including references. The introductory section (discussion of the problem, significance of problem) should be 2 to 3 pages. The analysis of the literature should be 8 to 10 pages. The recommendations at the end of the paper should be 2 to 3 pages.

Assessment Criteria:
- introduction clearly and concisely describes the problem/challenge
- the significance of the problem/challenge is articulated clearly and concisely

- a unique, integrative analysis is presented (not just a reiteration or summary of the articles)
- sufficient and appropriate evidence from the literature is used to support arguments
- recommendations are clearly based in the analysis (emerge from the analysis)
- content would be clear to a general higher education audience whose members have not read the articles
- components of the paper are linked by effective transitions
- few errors in grammar, word usage, reference citations, and punctuation

Note: Please keep in mind that the integrative analysis of the literature should not simply be a summary of the articles. Article summaries would constitute an annotated bibliography, not a literature review. Instead, synthesize your knowledge about these studies based on research findings that were found to be important across multiple studies.

Due date: Monday, December 16
Grade: 30% of total

Guidance on Grades for Written Work

Following the assessment of an assignment, the instructor will award a numeric score and a letter grade, according to the guidelines below.

A+ (score 100): exemplary work – sophisticated analysis and application of theory to practice; integrative, unique, and insightful use of readings and research literature; few or no stylistic, grammar, or spelling errors

A (score 95): excellent work – sophisticated analysis and application of theory to practice; integrative use of readings and research literature; few stylistic, grammar, or spelling errors

A- (score 90): appropriate analysis and application of theory to practice; integrative use of readings and research literature; some stylistic, grammar, or spelling errors

B+ (score 88): appropriate analysis and application of theory to practice; some use of readings and research literature; some stylistic, grammar, or spelling errors

B (score 85): limited or misdirected analysis and application of theory to practice; some use of readings and research literature; some stylistic, grammar, or spelling errors

B- (score 80): limited or misdirected analysis and application of theory to practice; little use of readings and research literature; many stylistic, grammar, or spelling errors

C (score 75): the submitted work, though complete, does not address the learning objectives for the assignment/project

CLASS SESSIONS

Session 1 - September 6

Topics:
    Organizational Theory as a Field of Study
    Historical Overview of Organizational Theory
    Colleges and Universities as Complex Organizations
    Using Theory in the Study of Organizations
    Scope of Theoretical Analysis: Grand Theories, Mid-Range Theories

Readings:
Bess & Dee:
- volume one, preface
- volume one, introduction
- volume one, chapter one

Session 2 - September 13

Topics:
    Ontology and Epistemology in the Social Sciences
    Social Science Paradigms: Positivist, Social Construction, Postmodern
    Paradigms and Organizational Theory
    Paradigms and Higher Education Research

Readings:
Bess & Dee:
- volume one, chapter three
- volume two, chapter one

Session 3 - September 20

Topics:
    Conceptualizations of Positivism
    Conceptualization of Social Construction
    Conceptualizations of Postmodernism
    Critical Theory and Critical Race Theory in the Study of Organizations
    Feminist Theory in the Study of Organizations

Readings:
Journal article:
- Neumann, A. (1995). On the making of hard times and good times: The social construction of resource stress. Journal of Higher Education, 66 (1), 3-31

Book chapters (instructor will supply via email):
- Hatch, M. J. (1997). Organization theory: Modern, symbolic, and postmodern perspectives. New York: Oxford University Press – chapter one and chapter two

Session 4 - September 27

Topics:
Workshop: Discussions on academic writing

Session 5 - October 4

Topics:
External Environments of Organizations
   Systems Theory
   Contingency Theory
   Resource Dependence Theory
   Population Ecology Theory
   Institutional Theory
Readings:
Bess & Dee
  · volume one, chapter four
  · volume one, chapter five

Session 6 - October 11

Topics:
   External Environments of Organizations
   Enacted Environments: The Social Construction of External Environments
   Chaos Theory and Postmodern Perspectives on External Environments
   External Environments and Organizational Strategy
   Rational, Adaptive, Emergent, Symbolic, and Postmodern Perspectives on Strategy
Readings:
Bess & Dee
  · volume two, chapter seven
Journal Articles
  · Bastedo, M., & Bowman, N. (2011). College rankings as an inter-organizational dependency: Establishing the foundation for strategic and institutional accounts. <u>Research in Higher Education, 52</u>, 3-23. (*required for all students)
  · Morphew, C. (2009). Conceptualizing change in the institutional diversity of U.S. colleges and universities. Journal of Higher Education, 80 (3), 243-269. (*required for all students)
  · Morphew, C., & Hartley, M. (2006). Mission statements: A thematic analysis of rhetoric across institutional type. <u>Journal of Higher Education, 77</u> (3), 456-471. (*required for all students)

Session 7 - October 18

Topics:
   Organizational Structures
   Bureaucracy in Organizations
   Mechanistic and Organic Structures
   Differentiation and Integration: Critical Challenges in Organizational Leadership
   Organizational Design: Functional, Divisional, Matrix, and Network
Readings:
Bess & Dee
  · volume one, chapter six
  · volume one, chapter seven

Session 8 - October 25

Topics:

Organizational Structures
The Social Construction of Organizational Structure: Structuration Theory and Loose Coupling
Postmodern Perspectives on Organizational Structure
Organizational Roles: Role Conflict and Role Ambiguity

Readings:
Bess & Dee
- volume one, chapter 8

Journal Articles
- Briggs, C. (2007). Curriculum collaboration: A key to continuous program renewal. Journal of Higher Education, 78 (6), 676-711. (*required for all students)
- Kezar, A. (2006). Redesigning for collaboration in learning initiatives: An examination of four highly collaborative campuses. Journal of Higher Education, 77 (5), 804-838. (*required for all students)
- Philpott, J., & Strange, C. (2003). "On the road to Cambridge": A case study of faculty and student affairs in collaboration. Journal of Higher Education, 74 (1), 77-95. (*required for all students)

Session 9 - November 1

Topics:
Human Relations in Organizations
Work Motivation Theories
Job Satisfaction: Two-Factor Theory
Expectancy Theory
Equity Theory
Job Characteristics Theory

Readings:
Bess & Dee
- volume one, chapter nine
- volume one, chapter ten

Session 10 - November 8

Topics:
Human Relations in Organizations
Informal Groups in Organizations
Groups and Teams in Organizations
Group Norms and Groupthink
Social Construction and Postmodern Perspectives on Groups and Teams

Readings:
Journal Articles
- Daly, C., & Dee, J. (2006). Greener pastures: Faculty turnover intent in urban public universities. Journal of Higher Education, 77 (5), 776-803. (*required for all students)
- Smerek, R., & Peterson, M. (2007). Examining Herzberg's theory: Improving job satisfaction among non-academic employees at a university. Research in Higher Education, 48 (2), 229-250. (*required for all students)
- Xu, Y. (2008). Gender disparity in STEM disciplines: A study of faculty attrition and turnover intentions. Research in Higher Education, 49, 607-624. (*required for all students)

Session 11 - November 15
Topics:
    Organizational Power and Politics
    Horizontal and Vertical Power in Organizations
    Social Construction Perspectives on Organizational Power
    Marxist and Postmodern Perspectives on Power in Organizations and Society
    Conflict and Conflict Management in Organizations
Readings:
Bess & Dee:
  · volume two, chapter two
  · volume two, chapter three

Session 12 - November 22
Topics:
    Organizational Power and Politics
    Critical Theory, Power, and Marginalization in Higher Education Organizations
    Power, Agency, and Voice in Organizations
    Power and Diversity in Colleges and Universities
    Empowerment in Organizations
Readings:
Journal Articles
  · Iverson, S. (2007). Camouflaging power and privilege: A critical race analysis of university diversity policies. Educational Administration Quarterly, 43 (5), 586-611. (*required for all students)
  · Kezar, A. (2008). Understanding leadership strategies for addressing the politics of diversity. Journal of Higher Education, 79 (4), 406-441. (*required for all students)
  · Kezar, A. (2012). Bottom-up, top-down leadership: Contradiction or hidden phenomenon. Journal of Higher Education, 83 (5), 725-760. (*required for all students)

Session 13 - December 6
Topics:
    Organizational Culture
    Dimensions of Organizational Culture
    Cultural Typologies in the Study of Higher Education Organizations
    Culture and Socialization: Implications for Building Organizational Knowledge
    Culture and Organizational Change
Readings:
Bess & Dee
  · volume one, chapter eleven
  · volume two, chapter six
Journal Article
  · MacDonald, G. P. (2013). Theorizing university identity development: Multiple perspectives and common goals. Higher Education, 65, 153-166.

Session 14 - December 13
Topics:

Organizational Culture
Organizational Culture and Organizational Climate
Postmodern and Critical Perspectives on Organizational Culture
Culture and Diversity in Higher Education Organizations
Organizational Learning
Course Review
Course Evaluations
Final Reflections on Organizational Theory and Higher Education Leadership

Readings:
Bess & Dee
· volume two, chapter nine

Journal Articles
· Colbeck, C. (2002). Assessing institutionalization of curricular and pedagogical reforms. Research in Higher Education, 43 (4), 397-421. (*required for all students)
· Hartley, M. (2003). "There is no way without a because": Revitalization of purpose at three liberal arts colleges. Review of Higher Education, 27 (1), 75-102. (*required for all students)
· Kezar, A., & Eckel, P. (2002a). The effects of institutional culture on change strategies in higher education: Universal principles or culturally responsive concepts. Journal of Higher Education, 73 (4), 443-460. (*required for all students)
· Smart, J. (2003). Organizational effectiveness of two-year colleges: The centrality of cultural and leadership complexity. Research in Higher Education, 44 (6), 673-703. (*required for all students)

If you have a disability and feel you will need accommodation in order to complete course requirements, please contact the Ross Center for Disability Services (Campus Center, upper level, room 211) at 617-287-7430.

This syllabus is subject to change.

Literature Review Project

---

*Readings required of all students are marked with an asterisk. These are the articles that will be presented in class.

Topic #1
Effects of the external environment on higher education institutions

Bastedo, M., & Bowman, N. (2011). College rankings as an inter-organizational dependency: Establishing the foundation for strategic and institutional accounts. Research in Higher Education, 52, 3-23. (*required for all students)

Jaquette, O. (2013). Why do colleges become universities? Mission drift and the enrollment economy. Research in Higher Education, 54 (5), 514-543.

Morphew, C. (2002). A rose by any other name: Which colleges became universities. Review of Higher Education, 25 (2), 207-223.

Morphew, C. (2009). Conceptualizing change in the institutional diversity of U.S. colleges and universities. Journal of Higher Education, 80 (3), 243-269. (*required for all students)

Morphew, C., & Hartley, M. (2006). Mission statements: A thematic analysis of rhetoric across institutional type. Journal of Higher Education, 77 (3), 456-471. (*required for all students)

Slaughter, S., Archerd, C., & Campbell, T. (2004). Boundaries and quandaries: How professors negotiate market relations. Review of Higher Education, 28 (1), 129-165.

Topic #2
Rethinking structure in higher education: Fostering collaboration

Briggs, C. (2007). Curriculum collaboration: A key to continuous program renewal. Journal of Higher Education, 78 (6), 676-711. (*required for all students)

Golde, C., & Pribbenow, D. (2000). Understanding faculty involvement in residential learning communities. Journal of College Student Development, 41 (1), 27-40.

Holley, K. (2009). Interdisciplinary strategies as transformative change in higher education. Innovative Higher Education, 34, 331-344.

Kezar, A. (2006). Redesigning for collaboration in learning initiatives: An examination of four highly collaborative campuses. Journal of Higher Education, 77 (5), 804-838. (*required for all students)

Philpott, J., & Strange, C. (2003). "On the road to Cambridge": A case study of faculty and student affairs in collaboration. Journal of Higher Education, 74 (1), 77-95. (*required for all students)

Sa, C. (2008). Interdisciplinary strategies in U.S. research universities. Higher Education, 55 (5), 537-552.

Topic #3
Motivation and satisfaction in the higher education workplace

Daly, C., & Dee, J. (2006). Greener pastures: Faculty turnover intent in urban public universities. Journal of Higher Education, 77 (5), 776-803. (*required for all students)

Rosser, V. (2004a). A national study on mid-level leaders in higher education: The unsung professionals in the academy. Higher Education, 48 (3), 317-337.

Rosser, V. (2004b). Faculty members' intentions to leave: A national study on their work life and satisfaction. Research in Higher Education, 45 (3), 285-309.

Smerek, R., & Peterson, M. (2007). Examining Herzberg's theory: Improving job satisfaction among non-academic employees at a university. Research in Higher Education, 48 (2), 229-250. (*required for all students)

Volkwein, J. F., & Zhou, Y. (2003). Testing a model of administrative job satisfaction. Research in Higher Education, 44 (2), 149-171.

Xu, Y. (2008). Gender disparity in STEM disciplines: A study of faculty attrition and turnover intentions. Research in Higher Education, 49, 607-624. (*required for all students)

Topic #4
Organizational power and politics: Diversity issues in academe

Gibson, S. (2006). Mentoring of women faculty: The role of organizational politics and culture. Innovative Higher Education, 31 (1), 63-79.

Iverson, S. (2007). Camouflaging power and privilege: A critical race analysis of university diversity policies. Educational Administration Quarterly, 43 (5), 586-611. (*required for all students)

Jayakumar, U., Howard, T., Allen, W., & Han, J. (2009). Racial privilege in the professoriate: An exploration of campus climate, retention, and satisfaction. Journal of Higher Education, 80 (5), 538-563.

Kezar, A. (2008). Understanding leadership strategies for addressing the politics of diversity. Journal of Higher Education, 79 (4), 406-441. (*required for all students)

Kezar, A. (2012). Bottom-up, top-down leadership: Contradiction or hidden phenomenon. Journal of Higher Education, 83 (5), 725-760. (*required for all students)

Turner, C. (2002). Women of color in academe: Living with multiple marginality. Journal of Higher Education, 73 (1), 74-93.

Topic #5
Organizational culture, change, and institutional effectiveness

Barnett, K. (2011). System members at odds: Managing divergent perspectives in the higher education change process. Journal of Higher Education Policy and Management, 33 (2), 131-140.

Colbeck, C. (2002). Assessing institutionalization of curricular and pedagogical reforms. Research in Higher Education, 43 (4), 397-421. (*required for all students)

Hartley, M. (2003). "There is no way without a because": Revitalization of purpose at three liberal arts colleges. Review of Higher Education, 27 (1), 75-102. (*required for all students)

Kezar, A., & Eckel, P. (2002a). The effects of institutional culture on change strategies in higher education: Universal principles or culturally responsive concepts. Journal of Higher Education, 73 (4), 443-460. (*required for all students)

Kezar, A., & Eckel, P. (2002b). Examining the institutional transformation process: The importance of sensemaking, inter-related strategies, and balance. Research in Higher Education, 43 (4), 295-328.

Smart, J. (2003). Organizational effectiveness of two-year colleges: The centrality of cultural and leadership complexity. Research in Higher Education, 44 (6), 673-703. (*required for all students)

参考文献

阿久津洋巳(2014)「授業評価アンケートは何を評価しているのか」『岩手大学教育学部附属教育実践総合センター研究紀要』13号、pp. 245-252

井上史子、沖裕貴、金剛理恵(2010)「実践的FDプログラムにおける大学教員の教授・学習支援能力の検討――オランダにおける「基礎教授資格」(BTQ)を参考として」『立命館高等教育研究』10号、pp. 125-140

井上博樹(2014)『反転授業実践マニュアル』海文堂出版

稲垣忠、鈴木克明(2011)『授業設計マニュアル――教師のためのインストラクショナルデザイン』北大路書房

市川伸一(2008)『「教えて考えさせる授業」を創る――基礎基本の定着・深化・活用を促す「習得型」授業設計』図書文化社

市川裕子(2015)「スクリーンキャストアプリケーションを用いた反転授業の試み」『数理解析研究所講究録』1951、pp. 54-61

池田輝政、戸田山和久、近田政博、中井俊樹(2001)『成長するティップス先生――授業デザインのための秘訣集』玉川大学出版部

池本敦、石黒純一、長沼誠子、西川竜二、天野恵美子(2006)「基礎教育科目である地域科学論Iにおける授業内容及び成績評価の改善への試み」『秋田大学教養基礎教育研究年報』8号、pp. 29-38

ウィギンズ、G.、マクタイ、J.(西岡加名恵訳)(2012)『理解をもたらすカリキュラム設計――「逆向き設計」の理論と方法』日本標準

愛媛大学教育・学生支援機構教育開発センター(2004)『もっと!!授業をよくするために』愛媛大学FDハンドブック

オーマン、M.、ゲイバーソン、K.(舟島なをみ監訳)(2001)『看護学教育における講義・演習・実習の評価』医学書院

沖裕貴、田中均(2006)「山口大学のおけるグラデュエーション・ポリシーとアドミッション・ポリシー策定の基本的な考え方について」『大学教育』3号、山口大学大学教育機構、pp. 39-55

沖裕貴(2014)「大学におけるルーブリック評価導入の実際――公平で客観的かつ厳格な成績評価を目指して」『立命館高等教育研究』14号、pp. 71-90

小笠原正明、西森敏之、瀬名波栄潤編(2006)『TA実践ガイドブック』玉川大学出版部

小田隆治、杉原真晃(2010)『学生主体型授業の冒険』ナカニシヤ出版

小野嘉夫(2000)「ヨーロッパ単位互換制度について」『学位研究』12号、pp. 5-28

加藤かおり(2010)「大学教員の教育力向上のための基準枠組み」『国立教育政策研究所紀要』139集、pp. 37-48

梶田叡一(2010)『教育評価(第2版補訂2版)』有斐閣

苅谷剛彦(1992)『アメリカの大学・ニッポンの大学――TA・シラバス・授業評価』玉川大学出版部

川嶋太津夫(2012)「変わる労働市場、変わるべき大学教育」『日本労働研究雑誌』629号、pp. 19-30

河合塾編(2011)『アクティブラーニングでなぜ学生が成長するのか――経済系・工学系の全国大学調査からみえてきたこと』東信堂

ガニェ、R.、ウェイジャー、W.、ゴラス、K.、ケラー、J.(鈴木克明、岩崎信監訳)(2007)『インストラクショナルデザインの原理』北大路書房

吉良直、北野秋男(2008)「アメリカの若手教育者・研究者養成制度に関する研究――日米比較の視点から」『京都大学高等教育研究』14号、pp. 25-35

クルーズ、R.、クルーズ、S.、シュタイナート、I.(日本医学教育学会倫理・プロフェッショナリズム委員会監訳)(2012)『医療プロフェッショナリズム教育――理論と原則』日本評論社

小金井正巳、森川久雄(1975)『行動目標と授業の科学化』明治図書出版

子安増生、田中俊也、南風原朝和、伊東裕司(2003)『教育心理学 新版(ベーシック現代心理学)』有斐閣

佐藤浩章編(2010)『大学教員のための授業方法とデザイン』玉川大学出版部

佐藤浩章(2013)「構造化された知を伝えるグラフィック・シラバス」清水亮・橋本勝編『学生と楽しむ大学教育――大学の学びを本物にするFDを求めて』ナカニシヤ出版

佐野享子(2003)「大学院における高度専門職業人養成のための経営教育の授業法に関する実証的研究――ケース・メソッド授業がめざす経営能力の育成とその方法に焦点を当てて」『大学研究』26号、pp. 93-116

島田桂吾、三ツ谷三善、山口久芳、長谷川哲也(2015)「「教職に関する科目」におけるオムニバス型授業の設計と効果に関する研究――「教育と社会」の授業を事例として」『静岡大学教育学部附属教育実践総合センター紀要』23号、pp. 213-222

芝浦工業大学(2015)『授業外学習を促すシラバスの書き方』ワークショップ配付資料

ショーン, D.(佐藤学、秋田喜代美訳)(2001)『専門家の知恵――反省的実践家は行為しながら考える』ゆみる出版

ジェイコブス, G.、パワー, M.、イン, L.(関田一彦監訳)(2005)『先生のためのアイディアブック――協同学習の基本原則とテクニック』日本協同教育学会

杉原真晃(2003)「大学授業における教官の言動と制度の表象により生じる齟齬とそこからの脱却の可能性――教養科目における学生のアイデンティティ形成に着目して」『日本教育工学雑誌』27(Suppl)、pp. 233-236

鈴木克明(2002)『教材設計マニュアル――独学を支援するために』北大路書房

スターン, D.(渡辺賢治、岡野 James 洋尚、神山圭介、中島理加訳)(2011)『医療プロフェッショナリズムを測定する』慶應義塾大学出版会

スティーブンス, D.、レビ, A.(佐藤浩章監訳)(2014)『大学教員のためのルーブリック評価入門』玉川大学出版部

大学基準協会(2016)『大学評価ハンドブック(申請大学用・評価者用)』

大学評価・学位授与機構(2011)『大学機関別認証評価 大学評価基準』

中央教育審議会(2012)『新たな未来を築くための大学教育の質的転換に向けて――学士課程教育の構築に向けて』

著作権法第35条ガイドライン協議会(2004)『学校その他の教育機関における著作物の複製に関する著作権法第35条ガイドライン』日本書籍出版協会

ディック, W.、ケアリー, L.、ケアリー, J.(角行之監訳)(2004)『はじめてのインストラクショナルデザイン』ピアソンエデュケーション

デイビス, B.(香取草之助監訳)(2002)『授業の道具箱』東海大学出版会

東京大学大学経営・政策研究センター(2007)『全国大学生調査』

東北大学高等教育開発推進センター編(2013)『大学教員の能力――形成から開発へ』東北大学出版会

中井俊樹、山里敬也、中島英博、岡田啓(2003)『eラーニングハンドブック――ステップでつくるスマートな教材』ダイテック

中井俊樹編(2008)『大学教員のための教室英語表現300』アルク

中井俊樹(2010)「学習成果を評価する」夏目達也、近田政博、中井俊樹、齋藤芳子『大学教員準備講座』玉川大学出版部、pp. 49-62

中井俊樹編(2015)『アクティブラーニング(シリーズ大学の教授法3)』玉川大学出版部

名古屋大学高等教育研究センター(2005)『ティップス先生からの7つの提案〈教員編〉』

名古屋大学高等教育研究センター(2015)『シラバス英文表記のための例文集』

日本教材学会編(2013)『教材事典――教材研究の理論と実践』東京堂出版

日本技術者教育認定機構(2013)『日本技術者教育認定基準 共通基準』

日本高等教育評価機構(2007)『認証評価に関する調査研究』

日本薬学会編(2011)『問題解決型学習ガイドブック――薬学教育に適したPBLチュートリアルの進め方』東京化学同人

ノールズ, M.(堀薫夫、三輪建二訳)(2002)『成人教育の現代的実践――ペダゴジーからアンドラゴジーへ』鳳書房

バークレイ, E.、クロス, P.、メジャー, C.(安永悟監訳)(2009)『協同学習の技法――大学教育の手引き』

ナカニシヤ出版
フィリップス, S.、ビュー, D.(角谷快彦訳)(2010)『博士号のとり方——学生と指導教官のための実践ハンドブック』大樹舎
フィンク, D.(土持ゲーリー法一監訳)(2011)『学習経験をつくる大学教授法』玉川大学出版部
ベネッセ教育総合研究所(2012)『第2回 大学生の学習・生活実態調査報告書』
松田稔樹、星野敦子、波多野和彦(2013)『学習者とともに取り組む授業改善——授業設計・教育の方法および技術・学習評価』学文社
溝上慎一(2014)『アクティブラーニングと教授学習パラダイムの転換』東信堂
三重大学高等教育創造開発センター(2007a)『三重大学版Problem-based Learning 実践マニュアル』
三重大学高等教育創造開発センター(2007b)『TAによるTA制度の現状に関する意見交換ワークショップ報告書』
森田啓、林容市、引原有輝、谷合哲行、西林賢武(2009)「JABEEに対応した教養教育としての体育授業——学習・教育目標の統一と教育実践」『大学体育学』6号、pp. 101-110
望月紫帆、西之園晴夫、坪井良夫(2013)「チームで推進する授業研究の研修プログラムの開発事例」『日本教育工学会論文誌』37(1)、pp. 47-56
山口県(2014)「平成26年度全国学力・学習状況調査」
リー, W., オーエンズ, D.(清水康敬監訳)(2003)『インストラクショナルデザイン入門——マルチメディアにおける教育設計』東京電機大学出版局
ロジャース, C.(畠瀬直子訳)(2007)『人間尊重の心理学——わが人生と思想を語る』創元社
脇田里子、越智洋司、矢野米雄(2000)「Web利用によるオムニバス講義の授業改善」『メディア教育開発センター研究報告』14号、pp. 43-52

Anderson, L., Krathowohl, D., Airasian, P., Cruikshank, K. Mayer, R., Pintrich, P., Raths, J. and Wittrock, M. (2013) *A Taxonomy for Learning, Teaching, and Assessing: A Revision of Bloom's Taxonomy of Educational Objectives, Abridged Edition*, Pearson Education.
Angelo, T. and Cross, P. (1993) *Classroom Assessment Techniques: A Handbook for College Teachers*, Jossey-Bass.
Barnett, D. (1999) "The Rehabilitation Nurse as Educator," in Smith, M. (ed.) *Rehabilitation in Adult Nursing Practice*, pp. 53-76.
Bess, J. (2000) *Teaching Alone, Teaching Together: Transforming the Structure of Teams for Teaching*, Jossey-Bass.
Bourner, T. (1997) "Teaching Methods for Learning Outcomes," *Education + Training*, 39(9), pp. 344-348.
Bovend'Eerdt, T., Botell, R. and Wade, D. (2009) "Writing SMART Rehabilitation Goals and Achieving Goal Attainment Scaling: A Practical Guide," *Clinical Rehabilitation*, 23, pp. 352-361.
Butcher,C. and Davies, C. (2006) *Designing Learning from Module Outline to Effective Teaching*, Routledge.
Cavender, A. (2013) "Why Use an Online Syllabus?," *The Chronicle of Higher Education*, September 16.
Cook, L. (2004) "Co-Teaching: Principles, Practices, and Pragmatics," *New Mexico Public Education Department Quarterly Special Education Meeting*, 29, pp. 1-20.
Davis, B. (2009) *Tools for Teaching*, Second Edition, Jossey-Bass.
Economic and Social Research Council (1991) *Postgraduate Training: Guidelines on the Provision of Research Training for Postgraduate Research Students in the Social Sciences*, Swindon.
Eisen, M. and Tisdell, E. (2003) "Team Teaching: The Learning Side of the Teaching-Learning Equation," *Essays on Teaching Excellence*, 14(7).
Feldman, K. (1997) "Identifying Exemplary Teaching Evidence from Student Ratings," Perry, P.

and Smart, J. (eds.) *Effective Teaching in Higher Education: Research and Practice*, Agathon Press.

George, M. and Davis-Wiley, P.(2000) "Team Teaching a Graduate Course. Case study: a Clinical Research Study," *College Teaching*, 48(2), pp. 75-80.

Helms, M., Alvis, J. and Willis, M. (2005) "Planning and Implementing Shared Teaching: an MBA Team-Teaching Case Study," *Journal of Education for Business*, 81(1), pp. 29-34.

Johnson, C. (2006) "Best Practices in Syllabus Writing," *Journal of Chiropractic Education*, 20(2), pp. 139-144

Junor, S. and Usher, A. (2008) *Student Mobility and Credit Transfer: A National and Global Survey*, Educational Policy Institute.

Krathwohl, D. R., Bloom, B. S. Masia, B. B. (1964) *Taxonomy of Educational Objectives; The classification of Educational Goals, Handbook 2*: Affective Domain, David McKay Company.

Leavitt, M. (2006) "Team Teaching: Benefits and Challenges," *Speaking of Teaching, Center for Teaching and Learning*, Stanford University, 16(1), pp. 1-4.

Lee, A. (2007) "Developing Effective Supervisors: Concepts of Research Supervision," *South African Journal of Higher Education*, 21(4), pp. 680-693.

Mager, R. F. (1984) *Preparing Instructional Objectives*, Lake Publishing.

McTighe, J. and Wiggins, G. (2013) *Essential Questions: Opening Doors to Student Understanding*, ASCD.

Nilson, L. (2007) *The Grahpic Syllabus and the Outcomes Map: Communitating Your Course*, Wiley.

Nilson, L. (2010) *Teaching at Its Best: A Research-Based Resource for College Instructors*, 3rd Edition, Jossey-Bass.

Palmer, M., Bach, D. J. and Streifer, A. (2014) "Measuring the Promise: A Learning-Focused Syllabus Rubric," *To Improve the Academy*, 33 (1), pp. 14-36.

Pierce, W. D. and Gray, C. E. (1981) *Deciphering the Learning Domains: A Second generation Classification Model for Educational Objectives*, University Press of America.

Race, P. (2007) *The Lecture's Toolkit: A Practical Guide to Assessment, Learning and Teaching*, Routledge.

Shaw, E. and Mattern, K. (2009) "Examining the Accuracy of Self-Reported High School Grade Point Average," *College Board Research Report* No. 2009-5.

Simpson E.J. (1971) "Educational Objectives in the Psychomotor Domain," in Kapfer, M.B. eds, *Behavioral Objectives in Curriculum Development*, Educational Technology Publications, pp. 60-67.

Smith, B. (1994) "Team-Teaching Methods," in Pritchert K. and Sawyer R. (eds.), *Handbook of College Teaching: Theory and Applications*, Greenwood Press, pp. 127-137.

Svinicki, M. D. and McKeachie, W. J. (2014) *McKeachie's Teaching Tips: Strategies, Research, and Theory for College and University Teachers* (14th edition), Wadsworth Publishing.

University of North Calorina, Center for Teaching and Learning (2004) *Writing Objectives Using Bloom's Taxonomy, Learning Resources*.

Walvoord B. and Anderson, V. (2010) *Effective Grading: A Tool for Learning and Assessment*, Jossey-Bass.

Wisker, G., Robinson, G., Trafford, V., Lilly, J. and Warnes, M. (2003) "Supporting Postgraduate Student Learning through Supervisory Practices," in Rust, C. (eds.) *Improving Student Learning: Theory, Research and Scholarship*, Oxford.

執筆者　2016年5月現在

中島英博
なかじま・ひでひろ

名古屋大学 高等教育研究センター 准教授
専門は高等教育論。2002年名古屋大学高等教育研究センター助手、2005年三重大学高等教育創造開発センター助教授、2008年名城大学大学院大学・学校づくり研究科准教授、2014年より現職。著書に『WebCT──大学を変えるeラーニングコミュニティ』(分担執筆)、『法則探検に出かけよう』(分担執筆)、『大学力を高めるeポートフォリオ──エビデンスに基づく教育の質保証をめざして』(分担執筆)などがある。
担当　編著者、1章、2章、7章、10章、12章、13章

小林忠資
こばやし・ただし

愛媛大学 教育・学生支援機構 特任助教
専門は大学教育論、比較教育学。2014年に名古屋大学高等教育研究センター研究員、2015年より現職。著書に『看護のための教育学』(編著)、『アクティブラーニング(シリーズ大学の教授法 3)』(分担執筆)、『看護現場で使える教育学の理論と技法』(分担執筆)、『アジアの教員──変貌する役割と専門職への挑戦』(分担執筆)、『途上国における基礎教育支援(下)──国際的なアプローチと実践』(分担執筆)がある。
担当　8章、9章

榊原暢久
さかきばら・のぶひさ

芝浦工業大学 教育イノベーション推進センター／工学部 教授
専門は高等教育開発。1991年旭川工業高等専門学校機械工学科助手、1996年茨城大学工学部講師、2007年芝浦工業大学工学部准教授、2009年より現職。著書に『解析入門──微分積分の基礎を学ぶ』(分担執筆)、『数学ミニマム 改訂第2版』(分担執筆)、論文に「芝浦工業大学における学生参画型FD活動SCOTプログラム」(共著)がある。
担当　3章、4章、6章、11章

稲垣忠
いながき・ただし

東北学院大学 教養学部 准教授
専門は情報教育・教育工学。2003年東北学院大学教養学部専任講師、2007年より現職。著書に『授業設計マニュアルVer.2──教師のためのインストラクショナルデザイン』(編著)、『デジタル社会の学びのかたち──教育とテクノロジの再考』(編訳)、『学校間交流学習をはじめよう』(編著)、『コミュニケーション力が育つ情報モラルの授業』(共著)などがある。
担当　5章

シリーズ 大学の教授法　1

授業設計

2016年6月25日　初版第1刷発行
2023年4月30日　初版第3刷発行

編著者　中島英博

発行者　小原芳明

発行所　玉川大学出版部
　　　　〒194-8610 東京都町田市玉川学園6-1-1
　　　　TEL 042-739-8935　FAX 042-739-8940
　　　　http://www.tamagawa.jp/up/
　　　　振替 00180-7-26665

デザイン　しまうまデザイン
印刷・製本　モリモト印刷株式会社

乱丁・落丁本はお取り替えいたします。
©Hidehiro Nakajima 2016　Printed in Japan
ISBN978-4-472-40531-0 C3037 / NDC377

玉川大学出版部の本

リーディングス 日本の高等教育
【全8巻】

大学はどこへいくのか──。
わが国の高等教育領域における問題群を39に区分けし、
そのトピックごとに解題と解説を加えながら研究論文を精選。
高等教育研究に新しい視座と議論を提供する重要論文のアンソロジー。

A5判上製・平均376頁　本体 各4,500円

1
大学への進学
選抜と接続

中村高康 編

5
大学と学問
知の共同体の変貌

阿曽沼明裕 編

2
大学の学び
教育内容と方法

杉谷祐美子 編

6
大学と国家
制度と政策

村澤昌崇 編

3
大学生
キャンパスの生態史

橋本鉱市 編

7
大学のマネジメント
市場と組織

米澤彰純 編

4
大学から社会へ
人材育成と知の還元

小方直幸 編

8
大学とマネー
経済と財政

島 一則 編

表示価格は税別です。